Kitamura Sae
北村紗衣

女の子が死にたくなる前に見ておくべきサバイバルのためのガールズ洋画100選

プロローグ

死んでるヒマなんかなくなった

この本は女の子のための外国映画ガイドです。いやいやちょっと待って、なんでそんなものが必要なんでしょう？　自分で本まで書いておいてこんなことを言うのもおかしいですが、世の中には外国映画ガイドみたいなものがたくさんあります。たとえばアメリカ映画インスティテュート（ＡＦＩ）は非常にきちんと考えられたアメリカ映画ベスト１００本のリストを出しています。面白そうな外国映画を見てみたいと思ったら、そういうものを上から順に見ていけばいいんじゃないでしょうか？

たしかにそうしてもいいのですが、私の個人的な体験では、そういうリストは必ずしも生き抜くのに役に立ちませんでした。もちろん面白いと思える映画もたくさん見つかったのですが、ピンとこない映画も入っていたのです。私は女性で（大人になるまで気づきませんでしたが）発達障害があります。たぶん発達障害があるせいで教員に嫌われていじめられたので、中学校は不登校でした。そんな私が、ＡＦＩが１９９７年に発表したベスト１００で第2位になっている『ゴッドファーザー』（１９７２）を高校生くらいの時に見て思ったのは、「しょうもない暴力犯罪者の男たちがああだこうだする様子をまるで格式のある社会みたいに描いていていてつまらない」でした。『ゴッドファーザー』はこの後に出てくる『バービー』でも男性が好きな映画として冗談のネタにされているくらいで、よくできてはいますがとても男性目線な映画です。私が人生を生き抜く上で『ゴッドファーザー』から身につけたものといえば、下手クソなマーロン・ブランドの物真似と、イタリア料理は美味しいという知識だけです。

　映画界というのはとても偏見があります。少数民族や同性愛者、障害がある人などに対しても偏見があります。男性中心的なところです。そこから出てくる名作リストは、当然男性中心的になるし、社会で偏見の対象になるような特性を持っている人にとっては全然面白くない映画が入っていることもあります。リストに出てくるような映画を作っている人たち、リストを選ぶ人たちはほとんど気づいていないのですが、そもそも女性や少数派にあたるような人が出てこなかったり、出てきてもせいぜい男性主人公を助ける程度の役柄しかもらえなかったりします。観客にそういう人がいるということも想定されていません。名作と呼ばれるものは誰にでも訴えかけるような普遍的な価値を持っているというような触れ込みで紹介されますが、実は選ぶ人たちの偏見が無意識に反映されています。名作リストは男性だったり、異性愛者だったり、多数派の民族だったり、健康だったりする人を無意識にターゲットにしていることが多いのです。

　この本はいわゆる「男性」という枠に自分はあてはまらないと思っている人、とくに若い女性をターゲットにしたおすすめ映画ガイドです。もちろん男性にも読んでもらえれば嬉しいですし、男性でない人だけではなく、異性愛者でなかったり、少数民族だったり、障害があったり、健康でなかったり、その他いろいろな点で多数派ではないと感じている人も楽しめる本になっているといいなと思っています。世の中のほとんどの名作リストは男性を対象にしているのですから、あえて女の子のためのおすすめリストを作ることは意味があると思っています。

深刻な話で恐縮ですが、私は20歳前後までは精神不安定で何度も死にたいと思いましたし、我ながら今思い出しても引くくらい困った人だったと思います。今は10代、20代の頃よりもはるかにキツい人生を生きていますが、死にたいと思うことはなくなりました。世の中には楽しい映画やお芝居やテレビドラマがたくさんあって、私が好きそうな新作の話題が入ってくると、とりあえず見るまでは頑張ろう……と思えるからです。007シリーズ25作目のタイトル『ノー・タイム・トゥ・ダイ』よろしく、楽しそうな映画が多すぎて死んでいるヒマがありません。人生の目的は死ぬまでひたすら楽しいことをすることだと思えるようになりました。別に映画は人生の役に立つために作られているわけではないし、私も人生の役に立つと思って映画を見ているわけではないのですが、どういうわけかひとりでに映画は私が生き抜くのを助けてくれるようになりました。とても感謝しています。

私は発達障害がある女性なので、その立場から「18歳になる前にこういう映画を見て大人になれたらよかったな」と思う作品を選びました。22のテーマに分けて100本の外国映画を紹介しています。外国映画に限って日本映画を入れなかったのは、若いときに自分が住む場所とは違う文化に触れるのは世界を広げることにつながるし、楽しいことだと思うからです。このため、できるだけいろいろな地域の映画を選ぶようにしました。全体的にはすごくイヤなことがあったとき、誰にも自分の気持ちをわかってもらえないときに見て楽しめたり、共感できたり、見たときはピンとこなくても大人になってから「あ、これってあれだったんだな！」みたいにポジティブに思い出せるような映画を選んだつもりです。フェミニズムや女性の連帯などをテーマにした映画は21世紀に入ってから盛んに作られるようになってきているので新しめの映画が多いですが、世の中というのは必ずしも一定の速度で同じ方向に進んでいくわけではないので、昔の映画であっても女性を主人公にして現代に通じるような視点で作られたものはたくさんあります。古い映画でも、良い作品はできるだけ入れるようにしました。もちろん私の趣味はけっこう偏っているので、この本で紹介した映画が全ての女の子の趣味にあうわけではもちろんありません。ちょっと攻めた感じの作品もいくつか入っているので、見て「何じゃこれ」と思うこともあると思います。そういうときは著者である私と趣味があわなかったんだということにしてください！

この本で紹介した映画はリストのどこから見始めても大丈夫です。パラパラめくって面白そうだと思うところから始めてください。この本でとりあげた映画に限らず、皆さんがつらいときにも楽しいときにも思い出せるような映画に出会えれば嬉しいです。この本がその出会いにつながるドアを開ける助けになることを祈っています。

女の子が死にたくなる前に見ておくべきサバイバルのためのガールズ洋画100選　もくじ

人種・民族

階級

からだ

⚠

注意書き

読者の皆さんにはできるだけリラックスして映画を楽しんでほしいと思っています。とはいえ、映画にショックはつきものです。このため、この本では人によってはショッキングに感じるかもしれない各作品のポイントについて、ページの右下に小さい文字で警告を出すようにしています。警告対象となるのは「性暴力」「子どもの虐待」「自殺」「ドラッグ」「手ブレ」「光の点滅」の６つです。こうした要素が目立つ作品については、下の例のような感じで警告を表記しています。苦手な要素がありそうだと思ったら見る前に心の準備をするか、避けてください。

「性暴力」については性交渉の強要だけではなく、悪質な性的嫌がらせなども含んでいます。「子どもの虐待」は身体的暴力だけではなく、精神的嫌がらせやネグレクトも含みます。「自殺」や「ドラッグ」は実際に登場人物が自殺したりドラッグを使ったりするだけではなく、それに関する話題が多く取り上げられているものも含みます。「手ブレ」や「光の点滅」は吐き気や頭痛を誘発することがあるので気をつけてください。

自然災害や血が出る暴力描写など、今回はアラートをつけていない要素もあります。また、警告の選定基準はあくまでも私の感覚によっています。映画はそれぞれの人が自分のペースで自身の発達段階や精神のコンディションに合わせて見るものです。無理はせず、見たいと思うものを見たいと思ったときに楽しんでください。もちろんちょっとショッキングなものやダークなものを試してみたいというときはどんどん挑戦しましょう。

⚠ 性暴力	⚠ 子どもの虐待	⚠ 自殺
⚠ ドラッグ	⚠ 手ブレ	⚠ 光の点滅

女の子が死にたくなる前に見ておくべき
サバイバルのためのガールズ洋画100選

001

クラシック

『女だけの都』

女性が政治をすると

『女だけの都』は1935年公開のジャック・フェデー監督によるフランス映画です。1616年のフランドル、現在のベルギーにあたる地域にあるボームを舞台にした歴史ものです。そんな昔の映画……と侮ることなかれ、今見ても面白いところがたくさんあります。

フランドル派の絵画から抜け出てきたような可愛い町に、スペイン軍がやってくるという知らせが入ります。これを知ったボームの男たちはビックリ仰天します。怯えた男たちは、市長が急死し、男性は全員喪に服しているので表に出られないという大嘘をついて隠れます。ところが市長夫人コルネリアは男たちより肝が据わっており、女たちを率いてスペイン軍をお迎えすることにします。

軍隊がやってくるという時に懸念されるのは殺戮、性暴力、略奪です。戦争を正当化するため、女性を性暴力から守るために戦う必要があるとかなんとか言い始める男性の政治家がたまにいますが、この映画はそんな嘘っぱちで建前にすぎないよ！　ということをとても辛辣に見せています。男たちはスペイン軍がやってくると聞いた時、恐ろしい略奪や性暴力を想像するのですが、

クラシック

昔の映画はなかなか触れる機会が少ないですが
定番の名作を紹介します

女や子どもをそこから守るために……みたいな発想はほとんどなく、自分が助かることだけを重視しています。戦争や災害になればみんなそうするものなので、「女や子どもを守るため」に武装が必要だ、みたいな議論に騙されてはいけないということをこの映画は面白おかしく諷刺的に描いています。

男たちにとって誤算だったのは、スペイン軍は幸運にも軍規のしっかりした部隊だったことでした。軍を率いるオリバーレス公は礼儀正しい貴公子で、配下の兵士たちもわりと感じが良く、町の人をいじめるようなことはしません。腕によりをかけた女たちの歓迎で兵士たちはすっかりくつろぎ、夫もいない……となると、暴力や強要は一切なしで、双方合意のうちにちょっといい感じになってしまう男女も現れます。どうもゲイらしいキャラクターが男性同士で国の壁を越えて仲良くなるところも出てきます。オリバーレス公は年上でしっかりした女性がタイプらしく、セクハラっぽくならないように礼儀を尽くしながらコルネリアを口説きはじめます。コルネリアも悪い気はしません。

この映画は、抑圧がないところでは女性は自分のしたいことをするし、能力も発揮できるということを描いています。政治や外交の分野でもそうですし、恋愛や性欲についても同じように描かれています。コルネリアが夫の市長に花を持たせて終わるラストは今見るとちょっと物足りないと思うかもしれませんが、それでもこの映画には現代に通じる諷刺的な視点があります。ユーモアをまじえた語り口の映画で画面も綺麗なので、昔のモノクロ映画だから……と尻込みせずにぜひ見てみてください。

製作：1935年／109分／フランス
監督：ジャック・フェデー
出演：フランソワーズ・ロゼー、ジャン・ミュラ

『女だけの都』DVD：¥1,980（税込）
発売・販売元：アイ・ヴィー・シー

クラシック

『情熱の航路』

いわゆる「毒母」に抗って大人になるヒロイン

『情熱の航路』は、ハリウッド黄金期の最も偉大な女優のひとりであるベティ・デイヴィス主演の女性映画です。デイヴィスはクセのある役が得意でわりと悪女っぽい役が多いのですが、『情熱の航路』では比較的共感しやすいヒロインを演じています。この映画はいわゆる「毒母」問題や女性のメンタルヘルスなど、驚くほど現代的なテーマを扱っています。

ヒロインのシャーロットはボストンの上流階級の令嬢ですが、抑圧的な母に虐待を受け、メンタルの調子を崩して悲惨な暮らしをしています。シャーロットはジャキス医師が運営しているサナトリウムで治療を受けてだいぶ回復し、仕上げに息抜きとして船旅に出ることにします。見違えるように元気になったシャーロットは船旅の途中で妻子ある建築家ジェリーと恋に落ちますが、お互い自分の家族のもとに帰っていきます。治療と恋を経て強くなったシャーロットはボストンに帰って母に抗うようになりますが、言い争いをきっかけに母が死亡してしまったため、いったんサナトリウムに戻って療養することにします。ところがサナトリウムでジェリーの12歳の娘ティナに出会い、ティナの中に昔の自分を見出します。シャーロットはティナが元気になるよう、面倒を見ることにします。

冒頭でシャーロットが初めて出てくるところの容赦ない「ブス作り」ぶりはびっくりします。「ブス」とかいうのは容姿を侮蔑するもので使うべきではない言葉なのですが、この映画ではシャーロットが母親に抑圧されているせいでいかに「ブス作り」を強要されているかがポイントなので、あえて使うことにします。シャーロットの母親は娘に似合わない服を押しつけ、召使いのように扱っているので、シャーロットはすっかり生気を失って挙動不審なおどおどした女性になってしまっています。しかも自分は不健康に太っていると思い込まされており、身体についてのネガティブな考えに苦しんでいます。シャーロットがこのいわゆる「毒母」の影響から抜け出し、抑圧の連鎖を断ち切って血のつながっていない娘に対して良い保護者になることがこの映画の物語の重要なポイントです。

途中は堂々たる不倫ロマンスなのですが、最後はシャーロットの人生には結婚は必要ないというようなオチになります。この当時はヘイズコードという業界の内部規制で不倫ロマンスを堂々と描けなかったのですが、この映画はかなりギリギリを攻めて不倫の恋をロマンティックに描いた後、シャーロットは男性よりも人生には大事なことがある……というような考えを持つようになります。おそらく中盤でエリオットという恋人との婚約を解消するあたりから既にシャーロットはそう思い始めており、最後のジェリーとのやりとりでもそれが強く示されています。この終わり方は古いようでとても新しく、現代でこそ理解しやすいものかもしれないと思います。

製作：1942年／117分／アメリカ
監督：アーヴィング・ラッパー
出演：ベティ・デイヴィス、グラディス・クーパー、ポール・ヘンリード、クロード・レインズ

『情熱の航路』価格：¥5,040（税込）
発売元：(株)ジュネス企画

003

クラシック

『紳士は金髪がお好き』
玉の輿を狙う美女たちのお気楽コメディと思いきや

ハワード・ホークス監督の『紳士は金髪がお好き』は、ふたりのショーガールが主人公のコメディです。マリリン・モンローが金髪美女ローレライ、ジェーン・ラッセルがブルネットのドロシーを演じます。ローレライがピンクのドレスを着て「ダイアモンドは女の親友」を歌う場面はとても有名で、マドンナの「マテリアル・ガール」（1984）のミュージックビデオや『ムーラン・ルージュ』（2001）などいろいろなところで引用されているので、映画を見たことなくてもなんとなくこの場面は知ってる……という人もいると思います。

メインはローレライとお金持ちの御曹司ガスの結婚話で、一見したところ美人でセクシーなら玉の輿に乗れるよ！ というしょうもない話に見えます。さらにはローレライがブロンドのバカ娘でドロシーがブルネットの賢い娘、というアメリカ映画によくある性差別的ステレオタイプが使われているように見えます。ところがこのお話、実は女性ふたりの何があっても崩れない強いシスターフッドを描いた友情物語なのです。

ローレライとドロシーは貧しい生まれで、タフで美貌に恵まれており、それを生かして出世するためお互い協力を惜しみません。ローレライは一見、お金と宝石に目がなくて頭の足りない浮気な女の子に見えますが、全然嫌な女性として描かれていません。その時その時の欲望に正直なのですが、いわゆる不思議ちゃん的な可愛らしさに満ちており、憎めません。ドロシーのことが大好きで幸せになってほしいと思っているのですが、世話の焼き方がどことなく抜けているので、素敵なお金持ちを親友に紹介しようとしてドジってしまうなど思いやりが裏目に出ることもあります。また、最後まで見ているとローレライはエキセントリックなところはありますが、男性の前ではバカなふりをしているだけで本当はかなり機転が利くのだとわかります。

　ドロシーは頭が良く、世間的な常識もありますが、弱点は破天荒なモテ女でいくぶんドジっ子でもあるローレライに夢中なところです。ローレライがいくら素っ頓狂な失敗をしてもドロシーは見捨てずに救いに駆けつけます。ローレライは呆れるほどモテモテですし、ドロシーも人好きのする美人ですが、お互いに嫉妬したりすることはありません。ふたりともセクシーで、自分の性欲や性的魅力、モテっぷりに居心地の悪さを感じていませんが、この映画にはそうした女性の性的な自信や自己主張を断罪するようなところもありません。

『紳士は金髪がお好き』は、１９５０年代のアメリカ映画にしてはとても女性のセクシーさや自己主張、友情に対して肯定的です。ローレライもドロシーも自分の意志で行動し、魅力があります。全体的に男性の存在感は薄く、男性との恋愛よりもふたりの女性の友情が大事にされています。時代の限界はあるにせよ、女同士の絆が熱い作品です。

製作：1953年／92分／アメリカ
監督：ハワード・ホークス
出演：マリリン・モンロー、ジェーン・ラッセル、トミー・ヌーナン

『紳士は金髪がお好き』提供：文輝堂

004

クラシック

『デスク・セット』

司書の本気

皆さんは図書館や図書室にいる司書さんはどういう仕事をしているのかご存じでしょうか？本の貸し出しをしているだけ……と思っているかもしれませんが、実は司書の仕事は選書とかカタログ作りとかイベント企画とか、いろいろあります。そして司書の仕事の中でもわりと特殊な専門技術が必要だとされているのがレファレンスサービス（参考調査業務）、つまり調べ物の支援です。図書館に行って何か調べる際、司書さんに聞けば調べ方を教えてくれます。

『デスク・セット』はこの司書の調べ物業務をメインにした珍しい映画です。舞台はニューヨークの放送局にある資料調査室で、ヒロインであるバニーをはじめとする調査室勤めの女性たちは皆、優秀なレファレンスライブラリアン（参考調査業務を行う司書）です。ここにコンピュータ技師であるリチャードが作った調査用のコンピュータが導入されることになり、女性司書たちが自分たちはクビになるのではないかと怯えはじめます。終盤には女性陣とコンピュータによる本気のレファレンス対決もあります。

今ではヴィンテージコンピュータと呼ばれるようなばかでかいコンピュータのデザインをはじ

めとして、全体的に１９５０年代末のレトロな雰囲気が楽しめるオフィスコメディですが、一方でとても現代的な問題を扱った作品だとも言えます。リチャードが開発したEMERAC（アメリカ最初期の本格的なコンピュータであるENIACのパロディ）というコンピュータは非常に優秀なのですが、適切に指示を入力しないと変な答えを出したり、ミスをやらかしたりします。つまり優秀なコンピュータでもちゃんとサポートできる専門家がいないと使い物にならない……ということで女性司書たちはクビにならずに済むのですが、これは現代のＡＩなどにも通じる問題を扱っています。最近はChatGPTのような生成ＡＩに聞けばけっこう何でも答えが返ってきますが、全然答えが正しくないこともありますし、また入力した人が欲しい答えではないこともあります。最近はネットで検索すれば何でも出てくるんだから図書館司書なんかいらなくなる……というようなことを言う人がたまにいますが、そんなわけはありません。いくら良い機械があってもそれを使いこなせる人が必要です。『デスク・セット』はそんな状況を生き生きと描いた作品です。

この映画に出ているキャサリン・ヘプバーンとスペンサー・トレイシーは１９４０年代から１９６０年代まで、公私ともにハリウッドのベストカップルでしたが、結婚はしませんでした。トレイシーが既婚者で、ヘプバーンもとくに結婚を求めていなかったためです。ふたりの共演作はどれも息がぴったりで面白く、とくにふたりが弁護士夫婦を演じる『アダム氏とマダム』（１９４９）もオススメです。

製作：1957年／104分／アメリカ
監督：ウォルター・ラング
出演：キャサリン・ヘプバーン、スペンサー・トレイシー

クラシック

『幸福 ～しあわせ～』どんなホラー映画よりも怖い映画

アニエス・ヴァルダ監督の『幸福』は、私が今まで見た中で一番、怖い映画だと思います。全体的にビジュアルはとても綺麗で明るく、花咲く風景にモーツァルトのクラリネット五重奏曲が流れる可愛い作品です。しかしながら女性や夫婦関係でトラブルを抱えたことがある人にとっては恐怖しかない映画でしょう。しかも、ここで描かれている内容はけっこう現実的です。

序盤は建具屋のフランソワと仕立屋のテレーズという労働者階級の若い夫婦の生活を丹念に描いています。チャーミングなカップルで可愛い子どももおり、絵に描いたような幸せな家庭に見えます。ところがフランソワは郵便局で働くエミリーと不倫関係に陥ってしまいます。フランソワはテレーズに、妻のことも恋人のことも愛しており、テレーズにはこれまで以上に自分のことを愛してほしいと頼みます。いったんは受け入れるテレーズですが、後でテレーズの水死体が発見されます。テレーズの死後、フランソワはエミリーと一緒になり、再び絵に描いたような幸せな夫婦の生活が描かれて映画が終わります。

夫であるフランソワの無邪気な身勝手さが怖い作品です。この映画のポイントはテレーズとエミリーが両方ともブロンドで可愛らしく、かなり似たタイプの女性だということです。テレーズと一緒に培ってきた家庭生活が、テレーズがいなくなった後にすぐエミリーで置き換えられる結末は、フランソワの家庭において女性はみんな同じようなものであり、交換可能だということを示しています。フランソワとエミリーの家庭が長く続く保証はありません。エミリーだってテレーズ同様、そのうち他の女性と置き換えられてしまうかもしれません。

『幸福』は家庭生活における男性の身勝手さと女性の軽視を描いた作品ですが、深読みするともっと大きな社会の構造に関するお話だと考えることもできます。世の中は男性中心に設計されており、プライベートな単位である家庭から経済や政治の世界にいたるまで、男性が中心にいて支配しています。一方で女性は社会のいたるところで脇に追いやられており、職場や家庭では労働力として必須であるにもかかわらず個人としての尊厳を認められず、権力を持つ男性の意志ひとつで勝手に追い出したり、他の女性と交換したりできる存在として扱われています。自分のせいで妻が死んでしまったのにすぐエミリーを迎え入れるフランソワはずいぶんと無神経なことをしているように見えますが、ここまであからさまではなくとも、女性が便利な使い捨てのような存在として扱われることは家庭でも職場でもあることです。その点では、とても小さなお話である『幸福』は、実は大きな社会の現実を映し出している作品だと言えるでしょう。

製作：1964年／80分／フランス
監督：アニエス・ヴァルダ
出演：ジャン=クロード・ドルオー、クレール・ドルオー、マリー=フランス・ボワイエ

006

おとぎ話

『教授と美女』

真面目博士とバーレスクの女王のでこぼこ白雪姫物語

ディズニーがアニメ映画『白雪姫』を作ったのは1937年のことです。その少し後にもっと大人っぽい白雪姫の映画が作られていたのをご存じでしょうか？　ハワード・ホークス監督による『教授と美女』（1941）です。

この作品の舞台は百科事典作りをしている8人の研究者が住むお屋敷です。設定が全然『白雪姫』らしくありませんが、実はこのお屋敷に住むゲイリー・クーパー演じる言語学者ポッツ先生が王子様、研究仲間の7人の学者がこびとに相当します。学者たちは日々、研究と執筆に邁進しています。

アニメの白雪姫は世間知らずなお姫様ですが、『教授と美女』で白雪姫にあたるキャラクターはバーバラ・スタンウィック演じる世間慣れしたバーレスクの女王シュガーパスです。シュガーパスは俗語の用例採取をしているポッツと出会い、ギャングのボーイフレンドが起こした事件から逃げるため、事典の調査に協力するという名目でお屋敷に押しかけて住み着いてしまいます。明るくて人当たりのいいシュガーパスはお屋敷の研究者たちとすぐ仲良くなります。真面目人間

おとぎ話

民話や神話も含めた
おとぎ話の要素がある作品を紹介します

のポッツはシュガーパスに惹かれるようになり、シュガーパスもあまり自分を大事にしてくれる気配がない犯罪者の彼氏よりも、自分を尊敬してくれるポッツのほうがずっといいボーイフレンドなのでは……と思い始めます。おとぎ話みたいな展開ではありますが、ポッツに対する愛情を自覚したシュガーパスが「バターミルクを一杯飲むだけで酔っぱらうようなタイプの男の人だから大好きなの」と言うところは、暴力的な男性と付き合ってきた女性が、自分にはもっといい人生があるのでは……と気づいた時の心の動きを生き生きと示しています。

　この映画で面白いところは、女性のみならず男性も目的を果たすために自分のお色気を使おうとするところです。シュガーパスはセクシーなショーガールで、お色気で人の気を引くのは得意です。ところが朴念仁に見えるポッツも、意外なことに序盤でお色気を使って目的を果たそうとしています。序盤で事典編纂の後援者であるリッチな女相続人ミス・トッテンがお屋敷にやってくるのですが、どうもこのミス・トッテンはポッツを気に入っています。周りの研究者たちに言われてポッツは精一杯カッコよくふるまい、支援財団との交渉を有利に運びます。本人は周りに押されてイヤイヤ……というポーズをとっていますが、ポッツとミス・トッテンの会話からは、ポッツが頑張って自分をハンサムかつ知的に見せようとしていることがわかります。水と油のように見えるシュガーパスとポッツですが、実は共通点があり、だから惹かれあったと言えるでしょう。『教授と美女』は大人のためのロマンチックな白雪姫物語です。昔の映画ですが、笑うところがたくさんあってキャラクターもみんな生き生きしています。ぜひ、ちょっと背伸びして見てみてください。

製作：1941年／111分／アメリカ
監督：ハワード・ホークス
出演：ゲイリー・クーパー、バーバラ・スタンウィック

『教授と美女』価格：¥5,040（税込）
発売元：（株）ジュネス企画

007

おとぎ話

『キャット・ピープルの呪い』
心温まるファンタジーホラー

心温まるホラー……というのはあまり見慣れないかもしれませんが、『キャット・ピープルの呪い』はまさにそういう映画です。前作『キャット・ピープル』(1942)は古典ホラーとして有名ですが、監督も話の方向性も違って続編はファンタジー的です。2作はそんなに密接につながっているわけではないので、この作品だけでも楽しめます。

ヒロインのエイミーは内向的で夢見がちな6歳の少女です。父オリヴァーは前作で妻のイリーナを亡くし、アリスと再婚してエイミーをもうけました。友達もできず、孤独なエイミーはイマジナリーフレンドと思われる相手と遊ぶようになります。

イマジナリーフレンドというのは小さな子どもの空想上の友達です。日本ではあまりなじみがありませんが、アメリカなどではよく知られている現象で、発達上おかしなことではありません。ところがこの映画でエイミーの前に現れるのはただのイマジナリーフレンドではなく、前作のヒロイン、イリーナの幽霊と思われる女性です。そこがこの映画のホラー要素のひとつです。

この映画のもうひとつのホラー要素は、エイミーが知り合う変わり者のおばあさんジュリアをめぐる展開です。ジュリアは元女優なのですが、折り合いの悪い娘バーバラが実は別人だという妄想を抱えています。バーバラは母親に認めてもらいたがっているのですが、おそらく認知症か何かだと思われるジュリアは言うことを聞きません。バーバラはたぶん介護疲れで完全に参っており、八つ当たりのようにエイミーに強い嫉妬を向けるようになります。

この映画では、イリーナの幽霊がエイミーを守り、さらにバーバラが取り返しのつかないことをするのを防ぎます。前作でオリヴァーはイリーナの生前からアリスに心を移していたため、まさか前妻による後妻の娘に対する復讐か……とも思ってしまうのですが、実はイリーナは子どもを助けたいだけで、この物語は女性は嫉妬深いものだという固定観念を裏切ってくれます。内向的な女性の幽霊が、まるで過去の孤独な人生の埋め合わせをするかのように他の内向的な女性たちを破滅から救うという点で、風変わりな女性同士の連帯を優しく描いていると言えます。

また、この映画にはエイミーの面倒をみる使用人エドワードとしてトリニダード出身のカリプソ歌手サー・ランスロットが出演しています。当時の映画では非白人は軽視されがちだったのですが、エドワードはちょっと『バットマン』のアルフレッドを思わせるような万能執事タイプで、家族の一員として敬意を持って扱われており、昔の映画にしては魅力的な非白人キャラクターです。お嬢様にお仕えする執事キャラの古い例と言えるかもしれません。

製作：1944年／70分／アメリカ
監督：ロバート・ワイズ、グンター・フォン・フリッチ
出演：アン・リード、シモーヌ・シモン、ケント・スミス

『キャット・ピープルの呪い』DVD：¥1,980（税込）
発売・販売元：アイ・ヴィー・シー

008

おとぎ話

『エバー・アフター』

シンデレラにひとひねり、ふたひねり

ディズニーアニメの『シンデレラ』（1950）は、長きにわたって愛されてきましたが、たくさんの批判もあります。シンデレラは王子との恋以外に人生の目的らしいものがなさそうで、女性の幸せは結婚にこそある……という画一的な考え方が背景にあります。意地悪な姉たちがことさら醜く描かれているところはルッキズムも感じさせます。

こうしたシンデレラ像に対する刷新として出てきたのが1998年の『エバー・アフター』です。シンデレラにあたるダニエル役はその後『チャーリーズ・エンジェル』シリーズでアクションヒロインとして大暴れするドルー・バリモアです。大女優ジャンヌ・モロー扮する高貴な女性がグリム兄弟を招待し、シンデレラの本当のお話を教えようとするところから始まっており、おとぎ話を語り直す気満々の映画です。

舞台はフランソワ1世の治世、16世紀ルネサンス期のフランスです。フランソワ1世はレオナルド・ダ・ヴィンチのパトロンとして有名ですが、この映画では王子様にあたるヘンリーがレオナルドを助けたことがきっかけで、レオナルドがダニエルの肖像画を描いたり、若い恋人たちに

アドバイスをしたりします。年代などについては現実の歴史と違っているところもあるのですが、歴史的要素を織り込むことにより、ファンタジー映画ではあるもののひとひねりありますよ……という雰囲気を作っています。

ダニエルは継母に虐待されていますが、たくましい性格で、学問や武芸に関心がある活発な女性です。そんなダニエルが、政略結婚はうんざりだと思っている王子の心をとらえます。

ところが平民であるダニエルが貴族のフリをしたせいで話がややこしくなります。ダニエルが継母のもとで召使いとして扱われていることを知った王子は去り、ダニエルは継母に売られてしまいます。しかしながら真の愛に気づいた王子は後悔し、階級差を超えてダニエルと結ばれます。このお話には、ヨーロッパで激しい差別を受けてきた非定住民であるジプシーと呼ばれる人たち（ロマなど別の名前を自称として用いる民族もいますが、この映画ではジプシーと名乗っています）に対する偏見を正すような展開もあり、階級や民族にもとづく差別に対する批判もこめられています。

ダニエルが体力があり、力の強い女性であるところもふつうのシンデレラものに比べるとひねりが効いています。ダニエルは窮地に陥った王子をかついで逃げようとしてジプシーたちの尊敬を勝ち得たり、性暴力をふるわれそうになって自ら剣をとって身を守ったりします。王子が終盤で売られたダニエルを助けに来るのですが、駆けつけた時には既にダニエルはセクハラ男を剣で脅して逃げており、救いの騎士のつもりだった王子は拍子抜け……というちょっとユーモラスな展開もあります。結局は結婚で終わるお話ですが、現代風な楽しいシンデレラ物語です。

製作：1998年／121分／アメリカ
監督：アンディ・テナント
出演：ドリュー・バリモア、ジャンヌ・モロー、ダグレイ・スコット

おとぎ話

『クジラの島の少女』
マオリの伝統を受け継ぐ少女

『クジラの島の少女』はニュージーランドのマオリの伝統をベースにしたお話です。代々男性がリーダーの地位を相続してきたマオリの村で新たなリーダーとなるべく頑張る少女が主人公です。出演者の大部分がマオリ系の俳優です。

舞台となるマオリの村には、クジラに乗ってやってきた勇敢な男性パイケアの伝説が残っています。村の族長は代々、男系の長男が受け継ぐのがしきたりでした。族長コロの息子であるポロランギに双子が生まれますが、男の子のほうは死亡し、母も亡くなってしまいます。ポロランギは残った女の子にパイケアと名付けますが、コロは女である孫娘がパイケアの伝統を受け継ぐ族長の後継者となることを許しません。パイケアはおじいちゃんに認められるべく努力を重ねます。

子どもが主人公の作品ですが、けっこうリアルな人間関係を描いた作品です。コロは孫娘のパイケアを愛していますが、一方で女性が村の族長として伝統を受け継ぐことは許せず、パイケアを認められません。コロは村の男の子たちを訓練しますが、ふさわしい実力がある子が見つからず、長く続いた村の伝統もこれでおしまいなのではないか……という不安が心に広がっていきます。ポロランギは父からのプレッシャーもあり、族長になりたくないと考えてヨーロッパでアーティストになっています。これは世襲制度では自分に向いていない仕事でもしなければならないという問題点があることを指摘する展開です。パイケアはマオリの伝統を尊重して族長になる準備をする気もあり、それに対応するだけの実力もあるのですが、男系中心主義だけがそれを阻んでいるのです。

それでもパイケアは自分の民族とコミュニティの誇りのために健気に学び、頑張ります。パイケアが族長になる試練をクリアし、クジラに乗って力を示し、コロがそれを認めるまでの終盤の展開はとてもドラマチックです。コミュニティが新たな族長の跡継ぎ、村の伝統の担い手の誕生を祝福するラストは、長年にわたって続いた伝統を生き生きとした状態に保つにはある種の刷新が必要なのだ、ということが示唆されていると思います。

こういうけっこうリアルな人間ドラマが「おとぎ話」カテゴリに入っているのは不思議に見えるかもしれませんが、実は『クジラの島の少女』はプリンセスにかかわる民話を現代的に再解釈したようなお話だと思います。パイケアは族長の孫娘で、つまりプリンセスです。ところがパイケアは他の族長候補と結婚するのではなく、自ら族長になることを目指して頑張ります。このお話は偏見を打ち破ってコミュニティリーダーを目指すプリンセスの成長譚と言えると思います。最後にパイケアがクジラに乗る場面は神秘的で神話のように撮られていますが、そういう点でもおとぎ話的な要素のある作品だと思います。

製作：2003年／101分／ニュージーランド
監督：ニキ・カーロ
出演：ケイシャ・キャッスル=ヒューズ、クリフ・カーティス、ラウィリ・パラテーン

010

おとぎ話

『魔法にかけられて』ディズニープリンセスと現実

2007年に公開された『魔法にかけられて』は、それまでのディズニー映画とは一味違うものを目指した作品でした。アニメーションと実写を組み合わせた作品で、本格的なディズニープリンセス映画としては初めて、実写のプリンセスが登場します。今までのディズニー映画のパロディや、おとぎ話の定番をからかうような展開がたくさん詰め込まれています。

舞台はアニメで描かれるおとぎの国アンダレーシアと実写のニューヨークです。アンダレーシアの悪い女王ナリッサが、継子エドワード王子と花嫁候補ジゼルの結婚を阻止すべく悪巧みをめぐらし、ジゼルをニューヨークに追い出してしまいます。ジゼルは妻を亡くして小さな娘モーガンをひとりで育てているシングルファーザーの離婚弁護士ロバートに助けられます。ロバートは浮世離れした純真な振る舞いをするジゼルに心惹かれるようになります。

ジゼルははじめエドワード王子と結婚する予定だったものの、ニューヨークで自分の才能を発見して仕事を始め、おとぎの国を捨ててとどまる決意を固めて、最後はロバートと結婚します。これはジゼルにとってはロバートがどんな王子様よりも相性がよく、一緒に過ごしたいと思える相手だったからです。一目惚れで結婚して末永く幸せに……みたいなのが定番だったディズニー映画のヒロインが、恋人だった王子様との結婚をやめて他の男性を選ぶというのは、よくあるおとぎ話をひっくり返すような展開です。

この映画のもうひとつ面白いところとして、ナリッサと部下ナサニエルの関係があります。ナリッサはゴージャスで妖艶な悪女で、白雪姫の王妃などとは違ってジゼルの美貌に嫉妬している気配はなく、権力欲のために王子の結婚を妨害しようとしています。そこで部下のナサニエルを働かせるのですが、このナサニエルは上司であるナリッサに恋しており、パワハラみたいなひどい命令を受けても逆らうことができません。悩んでいるナサニエルがラジオの恋愛番組で恋の相談をするところは妙に現実的で笑えます。ナリッサが打ち倒された後、ナサニエルはこの悲惨なパワハラ職場恋愛から解放されて作家として成功するのですが、たぶんこの映画で一番、解放されて楽しい人生を生きられるようになったのはこのキャラクターなのでは……と思ってしまうほど、最後のナサニエルの表情はすっきりしています。

『魔法にかけられて』は、その後の『アナと雪の女王』（2013）のような新機軸のディズニープリンセスもののさきがけとなった楽しいプリンセス映画です。ちょっとダークなユーモアのセンスが目立ち、笑えるところもたくさんあります。可愛い中に現実が見えるひねったファンタジー映画です。

製作：2007年／107分／アメリカ
監督：ケヴィン・リマ
出演：エイミー・アダムス、パトリック・デンプシー、ジェームズ・マースデン、スーザン・サランドン、ティモシー・スポール、レイチェル・コヴィー

011

労働問題

『ノーマ・レイ』
どんどん企業に文句を言おう

労働組合に入るのは働いている人にとってとても大事なことです。理不尽な理由で解雇されたり、労働条件が悪くなったりした時に、組合に入っていれば助けを求めることができます。企業は利益を優先するので、労働者ひとりひとりの人生など考えてくれないことがほとんどです。そんな企業が働く人たちに牙をむいた時に助けてくれるのが、働く人たちの集まりである組合です。

そんな組合の大切さ、とくに女性労働者が組合に入ることの意義を描いた映画が『ノーマ・レイ』です。アメリカ南部の田舎の町が舞台で、ヒロインは紡績工場で働くノーマ・レイです。ノーマは父親が違う子どもふたりを育てるシングルマザーです。ノーマは子どもがいるソニーと付き合うようになって結婚しますが、一方で組合活動家のルーベンと知り合います。ノーマは次第にルーベンの情熱に感じ入り、組合活動にのめりこんでいきます。

ノーマは序盤から工場の労働条件にいろいろな不満を抱いており、そのせいで上司たちからは困った労働者と見なされています。一見したところだらしなそうなノーマの不満は怠惰のしるしのようにも見える……かもしれませんが、これは私たちが企業を経営する側の考え方に知らない

労働問題

女性が働くこととそこで起こる問題についての映画を紹介します

うちに毒されているからであって、よく考えるとノーマの不満は理由があるものです。そんなノーマの工場に対する不満が、ルーベンと出会って労働組合の活動を理解することによって、労働者としての正当で論理的な要求へとつながっていきます。

　私たちはふだん、暮らしの中でいろいろなことに不満を抱きます。ところが私たちは不平を言わずに大人しくしているほうが礼儀正しくよいことなのだという価値観を植え付けられています。このため、文句を言うのはだらしないことだと考え、そのまま自分の中にしまってしまうことも多いと思います。『ノーマ・レイ』で描かれているのは、実はそういう不満こそ社会変革のきっかけになるものであって、個人的な文句を外に出して共有し、対策を考え、必要があればその不満の原因を作っている企業や社会と戦うことが重要なのだ、ということです。

　ノーマはこの過程でさまざまな妨害にあいます。企業のほうはいろいろな悪巧みで労働者を押さえつけようとします。ノーマをわざと出世させることから始まり、白人と黒人の労働者の分断を試みたり、活動家を逮捕させたりします。経営陣と戦うべく、'UNION'と書いたボードをひとりで持って工場の台の上に立ち、他の労働者にノーマが連帯を訴える場面はとても感動的です。'UNION'は「組合」という意味ですが、団結すること、一緒になることを広く指す言葉です。圧力に負けず、ひとりでも勇気を出して労働者の団結を訴えるノーマは、アメリカ映画史上でも屈指のヒーローだと思います。

製作：1979年／114分／アメリカ
監督：マーティン・リット
出演：サリー・フィールド、ボー・ブリッジス、ロン・リーブマン

012

労働問題

『9時から5時まで』

職場の性差別に女性社員の連帯で対抗！

タイトルの『9時から5時まで』というのは、企業の労働時間を指します。長時間労働が問題になっている現代日本だとそんなに長い時間には思えないかもしれませんが、それでもこの間ずっと拘束されると考えるとけっこうな長さです。さらにこの映画では、その時間帯に女性社員がずっと性差別にさらされている……ということが問題になります。

この映画は立場の違う3人の女性が手を組んで性差別に立ち向かう様子を面白おかしく描いています。ジェーン・フォンダ演じるジュディは離婚して新たに働き始めることになり、まだ職場に慣れていません。リリー・トムリン演じるヴァイオレットは子持ちの寡婦で、長く働いていて優秀なのに男性に出世のチャンスを奪われてばかりです。ドリー・パートン演じるドラリーはボスの秘書で、不倫の噂を立てられています。

この映画は1980年の作品なので、ヒロインが3人とも白人女性だったりするなど、今から見ると少し古いところもありますが、職場の性差別は現代でもよくある……というか、悲しいことにほとんど改善していません。その点では、早く古びてほしかったけれども全然そうなっていない映画です。『9時から5時まで』はハラスメント上司復讐ものともいえるジャンルの枠を作った映画だと思いますが、いまだに職場でのハラスメントも横行しており、2021年の『フリー・ガイ』などは『9時から5時まで』を現代人にわかりやすくアップデートした作品と言えるでしょう。あまり変わっていないどころか、離婚したばかりのジュディが正社員になれる1980年の職場はまだマシと言えるかもしれません。今ならジュディは非正規雇用でこき使われているところでしょう。2020年代になっても、我々はこの映画のヒロインたちを見習って労働者として戦わなければなりません。

ドラリー役のドリー・パートンはカントリー界の大スターで、主題歌も担当しています。ドラリーはブロンドでグラマラスで美人なので周囲から真面目に扱われず、ボスと不倫していると いう噂のせいで他の女性からあまり親しくしてもらえません。そんなドラリーが噂に気づいてショックを受け、ジュディとヴァイオレットが噂を信じたことを反省してドラリーと組むところは、女性同士を敵対させる男性中心的な企業風土を批判しつつ、女の連帯を強調しています。実は演じているドリー自身が、20世紀カントリー界でも最も優れた作曲家のひとりであるにもかかわらず、ブロンドでグラマラスな美人なので軽く見られていたというミュージシャンです。ドリーは2024年現在も現役で、音楽で稼いだお金でいろいろなチャリティを行い、新型コロナウイルスワクチン開発の着手にあたって1億円くらい研究のため寄付しています。『9時から5時まで』は、私たちが元気でいられるよういつも応援してくれるドリーの勇姿を楽しめる映画でもあります。

製作：1980年／110分／アメリカ
監督：コリン・ヒギンズ
出演：ジェーン・フォンダ、リリー・トムリン、ドリー・パートン

労働問題

『アフガン零年』

タリバンの抑圧のもとで必死に生きる少女

『アフガン零年』はこの本で触れる映画の中でも、後で出てくる『4ヶ月、3週と2日』と並んで希望がない作品です。ヒロインがたった12歳の少女で、あまりにも救いのないエンディングになるので、気が進まない人は見ないほうがいいと思います。この本は女性に対する抑圧を悲惨に描くだけで最後に解決がない映画はできるだけとりあげないようにしているのですが、現実問題として解決ができないくらい大変な問題はあるので、この映画を扱いたいと思いました。

舞台はタリバン政権下のアフガニスタンです。タリバン政権は女性を抑圧し、女性はブルカで顔を隠さないと外にも出られず、仕事をすることもできません。ヒロインには母と祖母がいるものの、男の親戚は戦争のせいでみんないなくなってしまいました。貧困に耐えかねた母と祖母は、12歳のヒロインに男装をさせ、仕事を探させることにします。

そもそも12歳の子どもが仕事を探さないといけない時点で児童労働なのですが、さらにヒロインは別に男装をしたくないのに男の子のふりをさせられているということで、いくつも大変な人権侵害が発生しています。男の子のふりをしていることがバレたら処刑の危険もあります。結局ヒロインはマドラサ（イスラームに関するいろいろなことを学ぶ学校）に入れられ、初潮を迎えたために女の子であることがバレてしまい、非常に年上の男性と強制結婚させられることになります。強制結婚は性暴力の一種であり、さらに児童婚なので、はたから見るとひどい虐待です。直接的に性暴力が描かれるわけではないのですが、これまで映画の中で描かれていたタリバンが支配する社会の習慣からして明らかにヒロインが性行為を強要されたことがわかるような終わり方になっており、とても気の滅入るショッキングな展開です。

この映画では女性の名前が呼ばれることがほぼなく、いかにタリバン政権下で女性が人間扱いされていないかが示唆されています。ヒロインの男性名は「ウサマ」で、タリバンの庇護を受けていたテロ組織アルカイダのトップだったウサマ・ビン・ラディンと同名です。映画の原語タイトルも『ウサマ』で、これ自体はアラブ圏ではよくある男性名なのですが、少女の男性名が「ウサマ」であるということは、言ってみれば抑圧者の代表のような名前を最も抑圧されている者が持つことになります。それでもヒロインは抑圧を受け続けるところが皮肉です。

タリバンは今もアフガニスタンを支配し、女性抑圧を続けています。『アフガン零年』はアフガニスタンの監督セディク・バルマクの作品で、有名なイランの映画監督でアフガニスタンの難民支援活動もしていたモフセン・マフマルバフが製作総指揮をつとめています。この映画は実際にアフガニスタンのことをよく知るアラブ圏の人たちが作ったという点で、心して見ておくべく作品だと言えるでしょう。

製作：2003年／82分／アフガニスタン・アイルランド・イラン・オランダ
監督：セディク・バルマク
出演：マリナ・ゴルバハーリ、ゾベイダ・サハール、ハミダ・レファー

『アフガン零年』提供：アップリンク

014

労働問題

『ファクトリー・ウーマン』

日常の些細な気づきと努力とちょっとしたオシャレ

海外には「ストライキもの」とでもいうようなジャンルの映画があるのですが、日本ではそんなに見かけないかもしれません。『ファクトリー・ウーマン』は1968年に自動車会社であるUKフォードのダゲナム工場でシート縫製工として働いていた女性たちが男女同一賃金を求めて起こしたストライキを描いた映画です。この結果、2年後にイギリスで性別による賃金差別を禁じる法律ができたということで、歴史的に重要なストライキを扱っています。

労働史上の大事な出来事を扱った時代ものですが、全体にコメディタッチで、60年代の服や車がふんだんに出てくる華やかな映画です。出てくるストライキ参加者の女性たちはみんなどこにでもいるような働く女性で、カリスマ的な政治リーダーというわけではありません。平日は仕事や夫や子ども、休みの日はオシャレのことで頭がいっぱいで、現代に生きている私たちとたいして変わりません。ヒロインのリタには実は抜きん出たリーダーシップが隠れているのですが、最初から自分にはリーダーの素質があるとわかっていたわけではありません。成り行きで組合の話し合いに参加することになり、自分たち女性に不利な労働規約をおかしいと思って意見したことが大規模ストのきっかけになります。女性の仕事というのはしばしば軽視され、低賃金で買い叩かれていますが、シートがないと車を作ることができないので、シート縫製部門がストライキに入ると当然、工場は操業できなくなります。男たちが女性を軽く見ていたせいで自動車が作れなくなってしまうという展開は、女性の仕事が実は世の中を支えているのにきちんと評価されていないことを示唆するものです。

この映画に出てくる女性のほとんどはワーキングクラスの人たちですが、もうちょっと階級が上の女性として労働大臣のバーバラ・カッスルと、ストつぶしをもくろむ会社の上司ピーターの妻リサが登場します。女性の間にも立場や背景に応じていろいろな違いがあるので、そうしたいろいろな女性同士の連帯を描くときに「女同士だからすぐなんでもわかり合えるよね！」みたいな安易な展開にしてしまうと途端に映画がつまらなくなるのですが、この映画はそのあたりがもう少し複雑です。バーバラ・カッスルは老獪な政治家らしく交渉でストを解決しようとしているのですが、心の底では男女同一賃金の実現は正しいことであると考えており、最後にやや危険な政治的賭けに出ます。リサはケンブリッジ大学で歴史を学んだという知的な女性なのですが、あまり女性を尊重しない夫に軽んじられて不満だったところ、子どものことでたまたまリタと知り合い、大臣と会う前にはリサに晴れ着を貸します。家庭やオシャレの悩みのおかげで女性同士が連帯するという展開で、これはなかなかひねった描き方で面白いと思います。

製作：2010年／113分／イギリス
監督：ナイジェル・コール
出演：サリー・ホーキンス、ミランダ・リチャードソン、ボブ・ホスキンス、ロザムンド・パイク

『ファクトリー・ウーマン』デジタル配信中
発売・販売元：株式会社ソニー・ピクチャーズ エンタテインメント

015

労働問題

『サポート・ザ・ガールズ』
とあるスポーツバーマネージャーのサイテーな1日

仕事も私生活もうまくいかずに右往左往するサイテーな1日は誰にでもあると思います。そんな笑っちゃうほどサイテーな1日を描いたのが2018年の映画『サポート・ザ・ガールズ』です。ひどいことばかり起こってヒロインがかわいそうになるのですが、最後は爽やかに終わります。

舞台はアメリカ合衆国、テキサス州にあるスポーツバーレストラン「ダブル・ワミーズ」です。マネージャーであるリサは毎日身を粉にして働いていますが、今日は朝からトラブル続きです。ウェイトレスのひとりであるシャイナは恋人との暴力沙汰でお金が必要になり、店のみんなで支援（サポート）しなければ……という話になります。さらになんと盗みに入ったまま出られなくなった泥棒が発見され、バーの営業に必須のテレビも映らなくなります。この他にも新人ウェイトレスを雇い入れたり、使えないボスに対応したり、決まりに違反したウェイトレスを解雇したり、既に関係が破綻している夫の新居探しをしたりしなければなりません。

ダブル・ワミーズはセクシーなウェイトレスが売りのひとつであるスポーツバーレストランな

のですが、チェーン店ではないローカルなお店で、そこまでお色気売り・男性向けというわけではなく、家族連れや女性スポーツファンも来て楽しめるラインをギリギリ狙っているようです。そういうわけで明るく健康的な雰囲気を保たねばならないのですが、それでも男性客から女性従業員へのセクハラが多く、若いウェイトレスたちのことを親身に考えているリサはいつも苦労をしています。ところが白人男性である上司はそのあたりのことを全然理解しておらず、リサをクビにしてしまいます。黒人女性でベテラン従業員であるリサには、白人男性である上司には見えないものがたくさん見えているのですが、社会でそういうことを評価してくれる人は全然いない……という実につらい現実が突きつけられます。

いろいろ悲惨なお話ですが、全体的にユーモアがあり、そんなにしめっぽい話にはなっていません。ウェイトレス役の女優陣はもちろん、お客さんでおそらくレズビアンではないかと思われるボボも個性的です。女性みんなが協力しあい、「サポート・ザ・ガールズ」（女の子をサポートしよう）の精神で切り抜けようとするのが爽やかである一方、そうした「イイ話」だけでは済まないところも盛り込んでいるのがリアルです。

この映画ではサイテーな1日が過ぎた後、日が変わってお店ではないところで女性たちが再会するエピローグがついています。根本的な解決には至っていない問題がいろいろあるのですが、みんなが屋上で叫ぶ最後の場面には温かい解放感があります。人生のキツい真実を描いた作品ですが、希望のある終わり方です。

製作：2018年／93分／アメリカ
監督：アンドリュー・ブジャルスキー
出演：レジーナ・ホール、ヘイリー・ルー・リチャードソン、シャイナ・マクヘイル、ジェームズ・レグロス、ディラン・ゲルーラ、アマンダ・ミシェルカ

『サポート・ザ・ガールズ』配給：グッチーズ・フリースクール

016

ギークガール

『ザ・インターネット』
テクノロジーが女性の武器になる

1995年の映画『ザ・インターネット』はインターネットが普及し始めた時期の様子を描いた作品ですが、珍しく主人公のIT専門家が女性です。IT業界は男性中心的だと言われていますが、この映画はそんな中でもなかなか面白い試みをした作品だと言えます。今見ると古いところもありますが、90年代におけるITと女性のかかわりをレトロに楽しめる映画です。

ヒロインのアンジェラはコンピュータのバグ検査の専門家で、とても優秀ですがシャイで引っ込み思案な性格です。いつも家でひとりで仕事をしており、アルツハイマー症で施設にいる母以外は親しい人もほとんどおらず、静かに暮らしています。ところが、この孤独な生活があだになり、アンジェラはサイバーテロリスト組織による陰謀に巻き込まれてしまいます。テロ組織に目をつけられたアンジェラの個人情報はハッカーによって書き換えられ、身に覚えのない犯罪の犯人として警察に追われる身になってしまいます。知り合いが少なく、身元を証明してくれる人がほとんど見つけられないアンジェラは悪夢のような状況に陥ってしまいますが、専門知識を使って対抗します。

ギークガール

「ギーク」は主に科学とか技術について
専門的な知識を持っている人のことです
ギークな女の子が活躍する映画を紹介します

この映画はインターネットを単純化しすぎているように見えるところもありますが、一方でアンジェラは奥行きのある興味深い女性として提示されています。家にこもってひとりで仕事をする孤独な女性のＩＴ専門家……というと、ちょっとしたバランスでとんでもなく変な人になってしまいそうですが、この作品のアンジェラはまったく戯画化されていません。ヒロインを演じるサンドラ・ブロックの自然な好演もあり、アンジェラはちょっと風変わりですが現実にいてもおかしくなさそうな良き市民として提示されています。

アンジェラは今までにボーイフレンドがいたこともあり、そこまで人間嫌いというわけではないようですが、そのほうがストレスがないと思って在宅で働いています。後で扱う『コピーキャット』のヘレンもそうですが、この頃の映画ではＩＴ技術が女性や病気・障害を抱えた人が社会と接するためのツールとして登場します。さらにＩＴ技術は、女性であるアンジェラがたったひとりでテロ組織と対決することを可能にする武器となります。この映画ではアンジェラを土壇場で助けにきてくれる男性はおらず、ヒロインは自分の専門技術と機転で身を守り、最後は以前のマイペースな暮らしに戻ります。シャイな女性が社交スキルを身につけて成長しました……みたいな単純な終わり方になっていないところもいいですし、90年代ならではの視点でインターネットの怖さと可能性を掘り下げたところが面白い作品です。

製作：1995年／114分／アメリカ
監督：アーウィン・ウィンクラー
出演：サンドラ・ブロック、ジェレミー・ノーザム、デニス・ミラー、ダイアン・ベイカー

『ザ・インターネット』デジタル配信中
発売・販売元：株式会社ソニー・ピクチャーズ エンタテインメント

017

ギークガール

『ドリーム』
宇宙を志した黒人女性パイオニアたちを描く

『ドリーム』は実在する黒人女性科学者であるキャサリン・ジョンソン、メアリー・ジャクソン、ドロシー・ヴォーンの活躍を描いた伝記ものです。舞台は1960年代はじめ、ヴァージニア州にあるNASAのラングレー研究所です。現在よりもはるかにアメリカにおける黒人差別がひどかった時代で、黒人女性たちは計算手として雇われていましたが、待遇は悪く、出世の道もなかなかありませんでした。こうした中、抜群に優秀な3人が人種と性別、二重にのしかかる重い差別と戦いつつ、硬直したNASAのシステムに風穴を開け、アメリカ初の有人宇宙飛行であるマーキュリー計画にかかわり（日本語タイトルには最初「私たちのアポロ計画」という副題がついており、計画名が誤っていたので批判を受けて変更されましたが……）宇宙飛行士のジョン・グレンを宇宙に飛ばして無事帰還させるのに大きな役割を果たす様子を描いた作品です。

女性が計算手としてたくさん雇われていたというのは意外かもしれませんが、現在のようにコンピュータに膨大な計算を処理させられるようになる以前の時代は、とにかく人力が必要でした。そもそもcomputerはもともと「計算する人」、つまり計算手を示す言葉でした。この映画ではドロシーがいち早く機械の可能性を見抜いてプログラマーとして働き始めています。

『ドリーム』はテンポの良い映画で、史実にもとづいてはいるものの、だいぶ期間を圧縮して短くしています。細かい描写の積み重ねで丁寧に差別を浮き彫りにしており、黒人女性計算手たちがコーヒーを飲むとか、トイレや図書館に行くとかいうような日常的な行動ですら制約されていた様子を描くことで、厳しい差別を現代人にもわかるように表現しています。一方で女性たちはみんなオシャレで、全体的にユーモアがあり、しめっぽく深刻な作品にはなっていません。

この映画では、境遇に共通点がある人でも少し属性が違うと他人に対して偏見を持ちうるし、わかりあえないこともある……という状況がうまく表現されています。白人男性であるエリート上司たちはもちろん、白人女性や黒人男性も黒人女性に対してうっかり偏見を露わにしてしまう場面があります。そうした中でキャサリン、メアリー、ドロシーが壁を打ち破り、科学者として重要な仕事を成し遂げ、後にくる女性たちのために道を開いてくれる様子は勇気が出ます。

思わぬところで偏見を示してしまう人がたくさん出てくる中で、宇宙飛行士のグレンはエリート白人男性でありながら偏見がなく、黒人女性計算手たちにも同僚として敬意を払う公正な人物として描かれています。他の人たちが差別をする中でキャサリンを高く評価する様子は一服の清涼剤のようでとてもカッコ良いのですが、よく考えると当たり前のことをしているにすぎません。当たり前のことをするだけで先進的でカッコ良かった時代なんだな……と思う一方、現在でもグレンのように振る舞えない人がいるのは悲しいことだと思います。

製作：2016年／126分／アメリカ
監督：セオドア・メルフィ
出演：タラジ・P・ヘンソン、ジャネール・モネイ、オクタヴィア・スペンサー、グレン・パウエル

ギークガール

『search／#サーチ2』インターネットを駆使して母を探す娘の冒険

『search／#サーチ2』は2018年の映画『search／サーチ』の続編です。同じ世界観で展開する映画なのですが、お話自体はつながっていないので、第一作を見ていなくても楽しめます。このシリーズは全てがPCなどのスクリーン画面で展開するのが特徴で、この種の映画は「スクリーンライフ映画」と呼ばれています。失踪した人を家族があらゆる手段を使って捜索するスリラーです。

ヒロインは18歳になったばかりの黒人の少女ジューンです。幼い頃に父を亡くし、シングルマザーのグレイスに育てられました。ジューンは若い娘らしく、母に感謝しつつ過保護な感じをちょっとウザいと思っています。グレイスは娘が一応ひとりで留守番できる年齢になったのを機に、久しぶりに旅行に行くことにします。ボーイフレンドのケヴィンとコロンビアに観光に行くのですが、そこで失踪してしまいます。警察や大使館があまり頼りにならないと思ったジューンは母が心配でたまらなくなって、ネットで他人を雇って用事を頼めるサービスを使い、コロンビアのギグワーカーであるハビを雇って独自に捜査を開始します。調べていくうちに意外な事実がわかってきます。

ヒロインのジューンはまだ若いのですが、機械翻訳みたいな単純なサービスからGメールのパスワード破りまで（これは違法かもと思いますが、まあ人命が絡んでいるので動機はわかります）、いろんなウェブサービスをものすごく上手に使いこなしています。自分でツール開発をしているとかいうわけではないのですが、各種ウェブサービスを必要にあわせて選んで賢く使う、テクノロジーに長けた現代女性の典型として描かれています。いきなり日本の「おっさんレンタル」のようなサービスでハビを雇うところはちょっとビックリするような発想です。時給が安い国のギグワーカーをアメリカのミドルクラスの若者が雇う……というのは、経済格差を感じさせるのでちょっと感じが悪い気もする一方、レンタルされたハビがなかなか良いキャラで、自身も息子との間に問題を抱えているのでわりとジューンに親身になってくれるというような細かい設定があるところは好感が持てます。

この映画はなかなか人にすすめにくい映画です。というのも、終盤に意外な展開があり、ここが真っ正面からジェンダー問題を扱っているのですが、ここを人に話すとネタバレになってしまうからです。この映画を本当に見てほしいのは、家庭内暴力や離婚、親権などの問題に悩んでいる人たちなのですが、詳しく話すと面白さが薄れてしまいます。あらすじを聞いただけだとどこがジェンダーに関係しているのかよくわからないかもしれませんが、ぜひ騙されたと思って見てみてください。

製作：2023年／111分／アメリカ
監督：ウィル・メリック、ニック・ジョンソン
出演：ストーム・リード、ヨアキム・デ・アルメイダ、ケン・レオン

『search／#サーチ2』デジタル配信中
発売・販売元：株式会社ソニー・ピクチャーズ エンタテインメント

019

スポーツ

『プリティ・リーグ』
爽やかな女子野球の世界

ペニー・マーシャルはナンシー・マイヤーズと並んでハリウッドで女性監督が少なかった時代から活躍してきた監督です。兄のゲイリー・マーシャルは大ヒット作『プリティ・ウーマン』（1990）の監督で、この映画が『プリティ・リーグ』というダサい日本語タイトルになってしまったのはそのせいですね（ゲイリーは本作に出演もしています）。英語タイトルは *A League of Their Own* つまり「自分たちだけのリーグ」という意味で、おそらくヴァージニア・ウルフの有名なエッセイでフェミニズム批評の先駆と言われる「自分だけの部屋」（'A Room of One's Own'）に引っかけています。さりげなくフェミニズム的な意味をこめたタイトルだということですね。

この映画は第二次世界大戦中に実在した全米女子プロ野球リーグをベースにしています。登場人物は実在ではありませんが、チーム名は実際のものにもとづいています。戦時中に男性が出征し、労働力が不足したため女性がこれまではつけなかった仕事につくようになったものの、戦争が終わると不要な人員として家庭に戻るよう促されてしまう……というのはいろいろなところで起こりましたが、この作品は野球でもそれが起こったことをほのめかしつつ、明るく爽やかなス

スポーツ

スポーツは女には向かないみたいな偏見を
吹き飛ばす映画を紹介します

ポーツ映画になっています。

ジーナ・デイヴィス演じるヒロインのドティは新しく発足する女性プロ野球の選手としてスカウトされますが、既婚で農場での暮らしに満足しているドティはあまり興味を示しません。ところがロリ・ペティ演じる妹のキットは家を出たがっており、ドティを説得して一緒にプロ野球界に入ることにします。野球の才能も華もあるドティと、その陰に隠れがちになってしまうキットの姉妹間のライバル関係がこのお話の軸となります。

姉妹の戦いがメインとなるとじめじめした話になりそうですが、この映画はまったくそうはなっていません。ドティとキットが入団するロックフォード・ピーチズの面々はみんな個性的で、文字が読めないシャーリーや元ダンサーのメイなど、いろいろなバックグラウンドの女性が集まっています。運営側は女子選手たちにレディらしく振る舞わせようと監視をつけたり、マナー講習をしたりするのですが、選手たちは全然従わず、こっそり抜け出して自由に楽しみ、女性同士で親睦を深めます。一方で、なかなかお客さんが入らないとなると多少お色気も取り入れたエンタテイメント要素を試合に導入して集客を試みるなど、自分たちでリーグを盛り上げようと常に努力しています。困ったことがあればチームメイト同士で助け合います。

女性スポーツ映画はヒロインが最後に勝利しない展開のものがけっこう多いのですが、この作品はその代表例です。人生には勝利よりも大事なものがある……という終わり方をします。女性たちの連帯と女子スポーツの素晴らしさを歌い上げたこの映画は、野球のことを全く知らなくても楽しめると思います。

製作：1992年／127分／アメリカ
監督：ペニー・マーシャル
出演：ジーナ・デイヴィス、ロリ・ペティ、アン・キューザック、マドンナ、トム・ハンクス

『プリティ・リーグ』デジタル配信中
発売・販売元：株式会社ソニー・ピクチャーズ エンタテインメント

020

スポーツ

『オフサイド・ガールズ』

どうしてもサッカーが見たい！

ジャファル・パナヒ監督の『オフサイド・ガールズ』は、２００６年ＦＩＦＡワールドカップ・アジア予選のイラン対バーレーンの試合を題材にしています。この試合ではイランが勝ってドイツで開催されるワールドカップに出場することになりました。実際の試合中にスタジアムで撮影した映像も含まれているそうで、ところどころドキュメンタリーのような臨場感のある作品です。

主役はどうしてもアザディ・スタジアムにこの試合を見に行きたい女の子たちです。この当時、イランでは暴力や汚い罵り言葉から女性を守るためという名目で、地元のイラン人女性が男子サッカーを観戦することは許されていませんでした。それでもサッカーに興味がある女の子たちは男装してあの手この手で会場に入り込もうとします。手慣れた男装で忍び込むベテランや、初めて男装してきょろきょろしているうちにすぐにバレてしまう女の子もいます。軍服で兵士に変装して入ってきた女の子もいます。女子サッカーをしている子もいれば、直前のイラン対日本戦の時に起こった群衆事故で友達が死亡するという悲しい体験をした女の子もいます（実際にイラン対日本戦で死者が出ており、この中に男装した女性が含まれていたのではないかという噂をパナヒ監督はヒントにしたそうです）。映画の大部分は試合を見ようとして逮捕されてしまった女性たちと兵士たちとのやりとりで、実際のサッカーの試合の様子はあまり映りません。女性たちはスタジアムの脇の待機場所のようなところに放り込まれていますが、それでもどうしても試合の様子を知りたくて、兵士のひとりにラジオのような実況中継をしてもらおうとしたり、トイレに行きたいと言って少しでもスタジアムに入ろうとしたり、一生懸命です。女性ファンの必死の頑張りの様子がユーモアをまじえて描かれます。

　この映画はイランの法的な取り締まりがとても曖昧で、執行する兵士たちもどうやら規則を厳密に理解していないことを諷刺しています。イラン対日本戦は日本の女性サポーターが観戦に来ていたし、どうもバーレーンの女子サポーターもスタジアムに入ったらしい……というような噂が流れてきて、なんでイランの女性だけダメなんだ……？　というような疑問を観客に抱かせるようになっています。一方で兵士たちのほうも徴兵で集められてどうやらイヤイヤ兵役をこなしており、あまり恵まれた境遇の若者ではないことが示唆されています。

　この問題は現在まで尾を引いています。２０１９年にはやはり男装してサッカーを観戦に行った女性ファンであるサハル・ホダヤリが逮捕され、焼身自殺をするといういたましい事件がありました。この後、イランでの女性による男子サッカー観戦は解禁されたり、また禁止されたりしています。

製作：2006年／92分／イラン
監督：ジャファル・パナヒ
出演：シマ・モバラク・シャヒ、サファル・サマンダール、シャイヤステ・イラニ、M. キェラバディ

『オフサイド・ガールズ』配給：エスパース・サロウ

021

スポーツ

『少女は自転車にのって』

走るときは、ひとり

『少女は自転車にのって』は、性差別が激しいサウジアラビアで、10歳の少女ワジダが自転車を手に入れようと奮闘する様子を描いた物語です。サウジアラビアでは2017年までは女性が自動車を運転することすら禁止されており、自転車も女性が乗るにははしたない乗り物と見なされていました。この映画はそうした社会を背景に作られた小さなかわいらしいお話で、大事件は起こりませんがきちんとハラハラするサスペンスがあり、辛辣な社会諷刺や笑えるところもあり、子役たちの生き生きした演技で最後まで楽しめる映画です。

舞台は首都リヤドです。ヒロインのワジダは友達の男の子アブドラと自転車競争をして遊びたいと思っているのですが、お母さんに買ってもらえません。あきらめきれないワジダはなんとかお金を稼いで自転車を買うべく、コーラン暗唱コンテストの賞金を狙うことにします。

この映画はワジダの成長を描いているのはもちろん、ワジダの母の成長物語でもあります。ワジダの母は途中まで完全に夫に頼り切っており、世間の風習に従うことを重視しています。おてんばなワジダに対しても厳しく、伝統的な社会で娘に自分と同じ道を歩ませようとする、一見したところ優しいですが実は迷惑でもある母親です。ところがワジダの母は家事を取り仕切っていればいい奥様ではなく、外で働いています。ワジダ一家は母が働かないと暮らしていけないようで、父はあまり頻繁には家にやって来ません。一夫多妻制なのでワジダの父は別の女性とさらに結婚しようとしています。どうもワジダの母は、夫からの経済的な庇護はあまり受けていないのに苦労だけはさせられている状態です。毎日往復3時間もかけて職場まで通うのですが、自分で車を運転できないのでいろいろ不便に耐えながら通勤しています。友人からもっといい仕事の話をきいたりすることがあっても、常に夫の意向を気にしているので自分で選択をすることができません。ワジダの母は性差別的な抑圧を内面化して苦しんでいる女性です。

しかしながら最後、夫が他の女性と結婚するのを見て、ワジダは娘に自転車を買い与え、母娘ふたりで生きていく決心をほのめかします。夫の結婚式の花火が後ろに見えており、夫が他の女と結婚するというのは一見不幸なようですが実はこの母娘にとっては幸せなのだ、ということが暗示されます。男性との決別がこの母娘にとっては重要な自立への契機なのだということがわかりやすく表現されています。

最後の場面では、ワジダが幼なじみのアブドラと念願の自転車競争をします。ところが最後、競争なのになぜかアブドラが映らなくなり、ワジダがひとりで大きな道に出て行くところだけが見えます。これはワジダの母の夫との決別と同様、女性はひとりでも生きていけるのだという心意気を伝えているのでしょう。

製作：2012年／97分／サウジアラビア・ドイツ
監督：ハイファ・アル＝マンスール
出演：ワアド・ムハンマド、リーム・アブドゥラ、スルタン・アル＝アッサーフ

『少女は自転車にのって』発売：ニューセレクト　販売：アルバトロス

022

スポーツ

『バトル・オブ・ザ・セクシーズ』

連帯する女性たちと中年男性の危機

『バトル・オブ・ザ・セクシーズ』は、1973年に行われた、男子テニス元チャンピオンである55歳のボビー・リッグズと、29歳で女子テニスのトッププレイヤーだったビリー・ジーン・キングの「男女の戦い」(Battle of the Sexes)を描いています。ここでビリーが勝利したことにより、女子テニスにとどまらずスポーツにおける女性の権利運動に大きな影響がありました。この作品は若き日のビリーをヒロインに、テニス界での性差別との戦いや、レズビアンとしてのアイデンティティに向き合うようになった経緯などを描いています。

この映画の悪役は、性差別発言でメディアを挑発し、女性の敵のように振る舞うボビーのように見えますが、実はこの映画はもっと根深い問題を扱っています。ビリーとボビーによる個人としての「男女の戦い」を描いているようでいて、実際に真の「悪役」として描かれているのは、女性を対等な人間として認めず、ボビーのようなアスリートを利用して女子選手を抑圧しようとするテニス界の体制です。スポーツ界の性差別自体が問われる作品になっています。

この映画のヒロインであるビリーはテニス界における男女平等と女子テニスの発展を求める活

動をする中で他の女性たちと連帯を深めており、カリスマ性と人徳のおかげで支援してくれる友達がたくさんいます。身勝手なところもありますが、夫のラリーも不倫相手であるガールフレンドであるマリリンも、その人間的魅力に免じてなんとなくビリーの欠点を大目に見てくれるところがあります。同性愛者としての悩みについても、ゲイのデザイナーであるテッドが先輩としていろいろサポートしてくれます。

こうしたビリーに比べると、ボビーは本当の友達がいない孤独な中年男性です。人生を捧げたプロテニスの試合は年齢のせいで引退せねばならず、新しく働き始めた会社では仕事がうまくできないし、息子たちとの関係もぎくしゃくしがちで、ギャンブルに依存する毎日です。唯一、歯に衣着せぬ言葉で真摯に接してくれた妻のプリシラは途中で出ていってしまいます。友人だと思っている人たちはお金目当てだったり、ボビーの陰に隠れて自分の性差別主義的な主張を吹聴したいだけだったりして、心から信用できる相手がほとんどいません。ボビーはわざと「女性差別主義者のブタ」などと自称して悪役を気取っていますが、人生の曲がり角で悩んでいる孤独な魂が隠れていることがわかります。

そしてビリーもボビーがただの虚勢を張っている道化役だということはなんとなく理解しています。ビリーが本当に戦いを挑もうとしているのは、ボビーの後ろに隠れている、古くさい考えが支配しているテニス界そのものです。ビリーが戦うのは単なる試合ではなく、スポーツ界の体制変革のための闘争なのです。

製作：2017年／121分／アメリカ
監督：ヴァレリー・ファリス、ジョナサン・デイトン
出演：エマ・ストーン、スティーブ・カレル、オースティン・ストウェル、アンドレア・ライズブロー、アラン・カミング、エリザベス・シュー

芸術

『エンジェル・アット・マイ・テーブル』
メンタルヘルスの問題を抱えた女性の自伝

『エンジェル・アット・マイ・テーブル』はニュージーランドの女性作家であるジャネット・フレイムの自伝をニュージーランドの女性監督であるジェーン・カンピオンが映画化した作品です。最初はテレビのミニシリーズとして企画されていたということで、三部に分かれたけっこう長尺の映画です。ニュージーランド色が大変豊かな作品です。

ジャネットはニュージーランドの田舎の小さな村で生まれました。貧しいものの楽しい子ども時代を過ごし、小さい頃から詩の才能を示すようになります。ところがジャネットは統合失調症と誤診され、精神病院に閉じ込められてしまいます。残酷な電気ショック療法を受け、つらい日々を送るジャネットですが、文才が認められ、病院から出ることができ、ヨーロッパへの旅など新しい経験も積んで作家として独り立ちできるようになっていきます。

ジャネットの人生は美化されず、リアルに描かれています。子どもの頃の貧しい生活や家族の問題もロマンティックな要素はなく、包み隠さず撮られています。思春期を迎えたジャネットが生理が来てとまどったり、自分が社交的でも可愛くもないことに鬱々としたりするところも容赦

芸術

芸術活動をするヒロインが出てくる映画を紹介します

なく表現されています。終盤のヨーロッパ旅行でもいろいろ面倒が起こります。

一番リアルに撮られているのが、中盤の精神病院の場面です。子ども時代や終盤はいろいろつらいことはあっても光や色が特徴的な美しい映像で撮られ、明るめの音楽も使われているのですが、精神病院の場面は比較的陰が多く、暗い雰囲気で撮られています。この本でとりあげる他の映画にも出てきますが、ちょっと変わった女性が別に重い病気というわけでもないのに本人の意志に反して精神病院に閉じ込められてしまうというのはたびたび起こっていることです。ジャネットはシャイで風変わりな女性ですが、それだけで重い病気を疑われてしまいます。この展開は性差別と結びついた医療による抑圧を批判している一方、才能あふれる芸術家とメンタルヘルスの問題を結びつけがちなステレオタイプの逆を行く表現でもあります。

カンピオンのこれより前の作品に比べると『エンジェル・アット・マイ・テーブル』は実験的な要素がなく、比較的わかりやすいほうだと思いますが、それでもハリウッド的な滑らかなストーリーテリングになれている人には把握しづらいところもけっこうある映画だと思います。カンピオンは激しい感情が伴う場面でもどことなく静謐な雰囲気がある映像を作るところが特徴だと思いますが、これもそうした作品で、容易に盛り上げないあたりがアート映画っぽいと感じる人も多いと思います。それでも最後はジャネットの人生が上向きになり、とても明るい後味で終わります。

製作：1990年／158分／ニュージーランド
監督：ジェーン・カンピオン
出演：ケリー・フォックス、アレクシア・キオーグ、カレン・ファーガソン

『エンジェル・アット・マイ・テーブル』
提供：JAIHO　協力：グッチーズ・フリースクール

024

芸術

『バンディッツ』刑務所の女囚たちがバンドを結成

『バンディッツ』は女性だけのロックバンドが主人公の映画です。女性だけのロックバンドというだけで色眼鏡で見られがちになるのですが、この映画のバンドメンバーは全員、刑務所に収監中の囚人です。トラブルが起きないはずがありません。

刑務所で女囚たちがバンドを結成するところから始まるのですが、メンバーの全員が前科者でさまざまなトラブルを抱えています。バンド名の「バンディッツ」（Bandits）は「無法者」という意味で、もちろんバンド（band）にも引っかけています。バンディッツの演奏はけっこうウケが良くて警察のイベントに出演する依頼が来たりするのですが、すきをついて全員で脱走します。逃走しながらゲリラ的にライブ活動をするのですが、追っ手から逃走中の女囚バンドということで人気が出て曲も売れ、有名になります。しかしながら知名度が上がれば警察も居場所をつかみやすくなるということで、バンドはどんどん追い詰められていきます。

バンドメンバーがみんな前科者なのもあり、まずいことになりそうになるとけっこうためらいなく犯罪を犯したり暴力に訴えたりします。展開も強引で雰囲気で押し切っているところもあり、全体的に荒っぽい映画ではあります。とはいえ音楽はカッコいいですし、ラストまでスピード感たっぷりに疾走する作品です。

この映画はいろいろな潮流とつなげて考えることができる映画です。1990年代末はオシャレな映画がドイツでたくさん作られていました。1997年に『ノッキン・オン・ヘブンズ・ドア』という映画が作られており、これは死期が迫った2人の男性が主人公の音楽にあふれたロードムービーです。1998年には恋人のためお金を工面すべく走り回るヒロインの3パターンの運命を描いた『ラン・ローラ・ラン』が作られました。1997年に女性監督であるカーチャ・フォン・ガルニエが作った『バンディッツ』は、そうしたドイツの新しい映画のトレンドを先取りする作品だったと言えると思います。この頃のドイツ映画のちょっと荒っぽいけれどもスタイリッシュな雰囲気がよく出ている作品です。

一方、「囚人が音楽活動で成功する」というのもこの後よく映画で見かけるようになるモチーフです。2000年にコーエン兄弟が作った『オー・ブラザー！』は、脱獄した3人の男が変名で「ずぶ濡れボーイズ」なるカントリーのバンドを作ってレコーディングをしながら逃亡するという展開です。2022年にはなんと実在のミュージシャンで刑務所に収監されながらもヒットを飛ばしたカターの人生をベースにした『RHEINGOLD ラインゴールド』が同じくドイツで作られました。アウトローが作り出す音楽というのは映画的想像力を刺激し続けているようです。

製作：1997年／109分／ドイツ
監督：カーチャ・フォン・ガルニエ
出演：カーチャ・リーマン、ヤスミン・タバタバイ，ニコレッテ・クレビッツ、ユッタ・ホフマン

025

芸術

『フリーダ』
実在の画家フリーダ・カーロのドラマティックな人生を描く

メキシコの画家フリーダ・カーロは作風も人生もドラマティックです。18歳で交通事故にあって体にポールが刺さってしまうという重傷を負い、一生その後遺症を抱えることになります。この痛みの経験が作品にも影響を及ぼしており、自分の障害を主題にした絵も描いています。のちに同じく画家のディエゴ・リベラと結婚し、夫妻でメキシコを代表する画家となりました。眉毛がつながった自画像も有名ですね。

『フリーダ』はフリーダ・カーロの波乱の生涯と作品の魅力を生き生きと伝える伝記映画です。フリーダは少女時代から自由闊達でユーモアに満ちています。交通事故で大ケガをした時には既にボーイフレンドがいて性交渉の経験もありましたが、事故の後、ボーイフレンドに対して、お医者さんには事故のポールがささったせいで処女でなくなったと言っておいたから……などと冗談を言います。ケガで苦しんでいる中でもユーモアを忘れない精神の強さはこの後もたびたび発揮され、厳しい状況の中でもフリーダがふっと気の利いた面白いことを言う場面がいくつかあります。

この映画のよいところは、フリーダやその夫ディエゴの派手な恋愛関係を臆せず描いているところです。偉人の伝記ものは関係者のご遺族が生きていたりするので、不倫などの描写がお茶を濁すような感じになりがちなのですが、この映画はどちらもそういう人だったんだから当たり前じゃないか……というような感じでふたりの婚外恋愛をきちんと描いています。ディエゴはモテるのでフリーダと結婚した後もガールフレンドが途切れません。フリーダもものすごくモテる女性でバイセクシュアルなので、男女両方との色恋沙汰が絶えません。フリーダと付き合っていたと噂される人々には、アメリカの黒人女性でダンサーとして一世を風靡したジョセフィン・ベイカーをはじめとしてさまざまな有名人がいるのですが、一番有名なのはロシアの思想家レフ・トロツキーです。トロツキーとの燃え上がる恋はフリーダとディエゴの人生に大問題をもたらすことになるのですが、この映画はその後の展開も含めて登場人物たちを理想化することなく、人間そういうこともあるよね……というような形で描いています。

フリーダを演じたサルマ・ハエックはメキシコ系で、若い頃はハリウッドで苦労していました。来るのはラテン系のセクシーな女性……みたいな型にはまった役ばかりで、あまり幅広い役を演じる機会がもらえなかったのです。『フリーダ』はそんなハエックが製作を兼ねて作った力作です。当時のハリウッドではラテン系のヒロインが奥行きを持って描かれる映画は珍しく、この映画は先駆的でした。フリーダは後の女性芸術家たちにインスピレーションを与えましたが、この映画も後に来るラテン系の女優たちのためにドアを開けてくれた作品だと思います。

製作：2002年／123分／アメリカ
監督：ジュリー・テイモア
出演：サルマ・ハエック、アルフレッド・モリーナ、ジェフリー・ラッシュ、アシュレイ・ジャッド

026

芸術

『めぐりあう時間たち』時代を越えて女性たちを結びつける文学

『めぐりあう時間たち』はマイケル・カニンガムの小説をスティーヴン・ダルドリーが映画化した作品です。3つの時間軸があり、一番古いのは1920年代で、メンタルヘルスの問題を抱えながら『ダロウェイ夫人』を執筆中の小説家ヴァージニア・ウルフが主人公です。これ以外に、1951年に夫の誕生日を祝う準備をしている主婦ローラの時間軸と、2001年にエイズに苦しむ詩人リチャードの文学賞受賞祝いの準備をしている編集者クラリッサの時間軸があります。『ダロウェイ夫人』はロンドンでのクラリッサ・ダロウェイの1日を描いた有名な小説なのですが、この映画はそれを下敷きに3人の女性の1日を並行して描き、全員の人生がこの小説を軸にゆるやかにつながっていきます。

この映画はそれぞれの時代において、おそらくヘテロセクシュアルではないらしい女性たちがどう生きているのかを扱っています。ヴァージニア・ウルフがバイセクシュアルだったのは歴史的に有名な話ですが、そんなウルフは心の病を抱えており、最後は自殺してしまいます。ローラのセクシュアリティはあまり明確に描かれているわけではないのですが、1950年代に理想とされていたような家庭生活に対応できず、夫が自らの不満に気づかないことに絶望して家を出てしまうローラはおそらくヘテロセクシュアルではないと考えられます。２０００年代のクラリッサは昔リチャードと付き合っていましたが今は女性としか付き合っておらず、自分のセクシュアリティをオープンにしています。

ウルフやリチャードが自殺してしまうのは、性的マイノリティである人々が不幸になる様子を描いているということで、あまりポジティブな話とは言えないかもしれません。それでもこの映画は、異性愛者ではない女性が完全に幸福とは言えないまでも、時代が進むごとにだんだん苦労を抱えずに生きのびられるようになっていることをそれとなく示しています。ウルフよりもローラのほうが、ローラよりもクラリッサのほうがおそらくまだ自分に正直に生きることができるようになっています。全員とても厳しい人生を生きてはいるのですが、『ダロウェイ夫人』という文学作品を通じて、時代を越えたクィアな女性同士のつながりが生まれ、かつての女性が残した遺産が次の世代の女性に受け継がれていきます。

繊細でたぐいまれな才能を持ったウルフを演じるニコール・キッドマン、完璧な主婦を目指しつつどうもその理想像に馴染めないローラを演じるジュリアン・ムーア、仕事も人間関係も多忙なクラリッサを演じるメリル・ストリープの演技はどれも際立っています。１９５０年代には若かったローラが２０００年代に年老いた姿で出てくるところは、話のつながりが意外な形で開示されるのでハッとします。３人全員が同じスクリーンで会話するようなところはないのですが、見た後はなぜかこの３人の女性が深くつながっているような気がしてきます。

製作：2002年／115分／アメリカ
監督：スティーヴン・ダルドリー
出演：ニコール・キッドマン、ジュリアン・ムーア、メリル・ストリープ

『めぐりあう時間たち』
Blu-ray: 2,075 円（税込） / DVD: 1,572 円（税込）
発売元: NBCユニバーサル・エンターテイメント

芸術

『これが私の人生設計』
建築界の性差別を諷刺する痛快コメディ

女性やその他のマイノリティに属している人が、「自分が健康な男性だったらもっと出世できているのでは？」みたいに思うことはよくあると思います。この発想で、女性が仕事で成功するため、勝手に男性の上司をでっちあげてその下で働いていることにする……みたいなお話はウーピー・ゴールドバーグ主演の『チャンス！』（1996）などいくつかあります。『これが私の人生設計』はイタリアの建築界を舞台にそれをやるお話です。

ヒロインのセレーナ・ブルーノはイタリア出身で、建築家として国際的に活躍しています。故郷が恋しくなって帰ってきたのはいいのですが、イタリアの建築界は性差別的で、他の国ではすぐ仕事がとれるセレーナはほぼ無職になってしまいます。ウェイトレスのアルバイトをしている時に知り合った店のオーナー、フランチェスコに恋をするのですが、フランチェスコはゲイであえなく失恋します。恋も仕事もうまくいかないセレーナですが、公募の面接の際に、応募者が男性の「ブルーノ・セレーナ」であると面接官が勘違いしていることに気づきます。これをきっかけに、セレーナは男性のボスがいるフリをして仕事をとりに行くことにします。友達になったフランチェスコを拝み倒してボスのフリをしてもらうのですが、いろいろ問題も出てきます。

　セレーナは才能があって元気いっぱいなのですが、ちょっとドジっ子みたいなところもあり、親近感が持てるヒロインです。展開には少々強引なところもあるのですが、セレーナの魅力で引っ張っていってしまいます。イタリア建築界における性差別を痛烈に諷刺しており、セレーナに感化されて皆が職場の横暴なボスに対抗しはじめる最後はとても痛快です。映画でとりあげられている住宅計画は実際にグエンダリーナ・サリメイという女性建築家が作ったプランにもとづいているそうで、住宅には子どもや老人、女性のニーズを反映することが必要だという視点で作られているのですが、これは最近、都市計画の中でとても重要視されていることなので、そうした建築界の最新トレンドも盛りこんでいる作品です。

　少し気になるのは、セレーナの親友になるフランチェスコのキャラクターです。ロマンティックコメディにはやたらとヒロインを支援するだけで自分の物語がないゲイの親友キャラが出てくることがあり、ステレオタイプだとして批判されているのですが、このフランチェスコはそれに近く、ちょっと都合がよすぎるのでは……と思うところがあります。ただ、フランチェスコはセレーナを助けるだけではなく自分のストーリーラインを持っています。フランチェスコには前の結婚でできた息子がおり、息子にちゃんとゲイだとカムアウトできずにいるという悩みがありますが、このあたりの展開がけっこうきちんとしているので救われていると思います。

製作：2014年／103分／イタリア
監督：リッカルド・ミラーニ
出演：パオラ・コルッテレージ、ラウル・ボヴァ、マルコ・ボッチ、
コラード・フォーチューナ

『これが私の人生設計』配給：シンカ

028

ファッション

『パーティーガール』

パーティーガールが司書を目指す！

『デスク・セット』でもとりあげた図書館司書の仕事ですが、本好きには憧れのお仕事である一方、伝統的に女性が多い専門職でもあります。『パーティーガール』は、パーティーが大好きなヒロインが、賑やかなパーティーとは一見対極にありそうな静かな図書館で司書を目指す様子をコミカルに描いた作品です。パーカー・ポージーがヒロインであるパーティーガールことメアリーを演じています。

メアリーはニューヨークでパーティー三昧の暮らしをしていますが、自宅で違法レイヴパーティーをやっていたところ、警察に逮捕されてしまいます。保釈金も払えず、職もなくてにっちもさっちもいかなくなったメアリーはゴッドマザーのジュディに助けてもらいますが、ジュディは司書で、メアリーにもニューヨーク公共図書館の分館で働くように言います。メアリーはイヤイヤ図書館で働き始めますが、次第に司書の適性が自分にあることに気づきます。さらに中東料理の屋台をやっているレバノン系のムスタファともお近づきになり、ロマンスが芽生えます。

私は一時期、大学の司書課程をとって勉強していたことがあるのですが、映画の中でメアリー

ファッション

自己表現としてのファッションに
関する映画を紹介します

⚠ 性暴力／ドラッグ

が学んでハマってしまうデューイ十進分類法というのは洋書を分類する時に使われる非常に一般的な分類システムです。しかしながら分類というのはけっこう面倒で、私も分類の授業の試験では苦労したので、メアリーが分類システムに取り憑かれたかのようになんでも分類するようになってしまい、しまいには周りに気味悪がられるあたりは笑いつつ司書課程学生のあるあるネタとして共感してしまいました。また、ニューヨーク公共図書館はたくさんの分館を持つ大規模な図書館で、本館は建物も立派で観光地になっており、図書館業界ではとても有名です。コメディではありますが、図書館情報学の勉強を始めたばかりの人を、誇張はあるもののよくとらえた映画と言えます。

メアリーのものすごくオシャレなファッションも見どころです。重ね着などを利用したカラフルな服が特徴で、華やかな音楽とともに1990年代ニューヨークのトレンドを示していると言えます。一方でこの映画はメアリーがパーティーガールをやめて真面目に働く司書になりました……というような単純な教訓話ではなく、メアリーはいろいろ途中で大失敗をしつつも、最後はパーティーと図書館情報学への情熱をなんとか両立させようとします。メアリーのパーティー三昧ぶりに批判的だったジュディも最後はメアリーを認めます。人生に迷っている若い女性が自分らしさを保ったまま夢中になれるものを見つけ、それを年上の他の女性が支援してくれる様子を描いているという点で、『パーティーガール』はとても元気の出る楽しい映画だと言えると思います。

製作：1995年／95分／アメリカ
監督：デイジー・フォン・シャーラー・メイヤー
出演：パーカー・ポージー、サーシャ・フォン・シャーラー、オマール・タウンゼンド

029

ファッション

『キューティ・ブロンド』
ダサピンクを脱する映画の、ダサピンクになってしまった日本語タイトル

ダサピンク現象という言葉を聞いたことはありますか？　マーケティングにおいて、女性はピンクが好きだという固定観念にとらわれて商品を安易にピンクにしてしまい、結果的に女性からダサいと言われてしまう現象のことです。「女性はこういうものが好きなんでしょ」と勝手に決めつけてテキトーに商品開発をするのは女性をバカにしている、という話ですね。

こんな固定観念がある裏で、本当にピンクが好きな女性は、職場などで真面目に受け取ってもらえないという問題を抱えていました。たとえばいつもピンクの服を着ている女性でも、就職活動をする時は黒っぽいスーツを着たりしますよね？　これはピンクが「女性らしい」チャラチャラした色だとなんとなく受け取られているからです。黒や灰色などは男性が着る「真面目な」色とされており、仕事の場ではこれがふさわしいとされています。女性は男性にナメられないよう、ピンクを捨てる必要がありました。

こんな状況を批判したのが2001年の『キューティ・ブロンド』です。ヒロインのエル・ウッズはピンクが大好きなブロンド女性です。政治家を目指す恋人のワーナーは、そんな女性は

真面目なエリートの妻にはふさわしくないと考え、エルはフラれてしまいます。エルはワーナーを追ってハーバード大学の法科大学院に入学しますが、そこで法律の面白さを知ります。

美人は得だという言葉がありますが、それはウソです。美人は結婚すればいいのだから、たとえやりたいことがあったとしても教育やキャリアなんか要らないと言われてきました。アメリカではブロンド美人はバカだという偏見があり、ただ可愛くしてりゃいいんだ……というような扱いでした。

自分らしくピンクを着たまま法律の世界で成功するエルは見ていて元気の出るヒロインです。男社会に合わせるために好きなものを捨てなくてもいいんだ……と思わせてくれるからです。エルはエリート法学生ヴィヴィアンをはじめとする他の女性たちとも連帯しており、シスターフッドの精神にあふれた女性でもあります。今の感覚だとゲイに関する冗談などが古くなっているところもありますが、それでも見る価値のある楽しい映画です。

ひとつ残念なのは、日本語タイトルがダサピンクっぽいことです。この映画の原題は*Legally Blonde*、つまり「法定ブロンド」です。アメリカにはlegally blind「法定視覚障害者」という法律用語があり、規定の視力を下回ると法的に視覚障害者と見なされます。こういう用語に引っかけて法律の世界に進むエルをlegally blondeと呼んでいるのですが、日本語タイトルはここが「キューティ」という法律要素のないモヤっとした言葉になっています。なんでもかんでもキュートな感じにすればいいわけじゃないのになぁ……と思ってしまいます。

製作：2001年／96分／アメリカ
監督：ロバート・ルケティック
出演：リース・ウィザースプーン、マシュー・デイヴィス、セルマ・ブレア

030

ファッション

『マルタのやさしい刺繍』やさしい刺繍は革新的な刺繍!?

スイスというと、永世中立国だとか、さまざまな国際組織の本拠地があるインターナショナルな国だとか、精密機械や金融や乳製品が有名……というようなイメージがあると思います。一方でスイスは1971年まで女性に国政選挙の参政権がなく、すべての地方選挙で女性が投票できるようになったのは1990年です。ヨーロッパの他の国に比べると、ジェンダーについてはかなり保守的と言えます。

そんなスイスの伝統的な田舎の暮らしと、それに対抗する女性たちの姿が生き生きと描かれているのが『マルタのやさしい刺繍』です。ヒロインのマルタはエメンタールの田舎に住む80歳のおばあちゃんで、愛する夫に先立たれて生き甲斐をすっかりなくしてしまっています。マルタの友人たちは心配して何か生き甲斐になるものを探そうとします。そこでマルタは昔お針子をしており、精巧な刺繍の入ったランジェリー店をやりたいという夢があったことがわかります。マルタと仲間たちはランジェリー店を作ろうとしますが、周囲から猛反対を受けます。

この映画を見てちょっと驚くのは、女性や高齢者に対する抑圧の強さです。マルタはとても腕のいいお針子だったのですが、良き妻には可愛い下着を作るような仕事はふさわしくないということで引退したそうです。愛する夫ですらそういう態度だったのですから、村の人たちの反発はさらに激しいものです。女性、しかも高齢者がセクシーなランジェリーの店を出すなどはしたなすぎる、高齢者は大人しく家で余生を過ごすべきだ……というような態度が露骨に示されます。

そんなわけで妨害にあい続けるマルタたちですが、新しいメディアであるインターネットを活用してもう少し保守的でない都市部での商機を探すなど、なんとかして夢を実現しようと頑張ります。努力を通してマルタだけではなく、友人たちもこれまでにはなかったような経験をし、人生の楽しみを見つけていきます。高齢の女性たちの連帯がユーモアをまじえて丁寧に描かれています。日本語タイトルは『マルタのやさしい刺繍』ですが、マルタの刺繍には心をこめたハンドメイドの優雅な美しさがこもっている一方、女性や高齢者を堅苦しい決まりで縛り付ける社会に対する変革の要素も備わっています。綺麗な刺繍を通して人々の心が少しずつ変わっていく様子はとても心あたたまるものです。

刺繍などの手工芸は多くの社会で女性の仕事と見なされ、デザインの才能や熟練を必要とするクリエイティブな作業であるにもかかわらず、あまり芸術として認められてきませんでした。女性の手仕事による作品の芸術的価値が認められるようになったのはフェミニズムによる再評価が大きく関係しています。マルタの刺繍が認められるプロセスは、こうした女性の手仕事の価値がきちんと認められるようになる様子を描いているという点でもフェミニズム的です。

製作：2006年／86分／スイス
監督：ベティナ・オベルリ
出演：シュテファニー・グラーザー、ハイジ・マリア・グリョスナー、アンネマリー・デュリンガー、モニカ・グブザー

031

ファッション

『パピチャ 未来へのランウェイ』

ファッションを通して社会の不公正と戦う

ファッションは自己表現の手段です。自分がどういう人間か、何を考えているのかを身につけるもので外に示すのですから、当然、とても政治的な行動です。古来、ファッションは政治的意思表示の手段として使われてきました。

『パピチャ 未来へのランウェイ』で抵抗の手段として使われるのは、ハイクという白い布です。ハイクは四角い布で身体を覆う女性の衣装で、この映画ではシンプルですが柔軟な強さ、良心の曇りのなさ、明るさなどを象徴しています。アルジェリアの古い衣装で、中に武器を隠すこともできるため、抑圧に対する闘志をも示しています。

『パピチャ』は1990年代アルジェリアの抑圧的な大学を舞台に、デザイナーを目指すヒロイン、ネジュマの努力と挫折を描く物語です。ネジュマにはジャーナリストであるリンダという姉がいるのですが、暗殺されてしまいます。これをきっかけにネジュマはハイクを用いたショーを企画しますが、女子寮でファッションショーをするというだけで暴力的な妨害にあうことになります。

ネジュマたちはやりたいことをやろうとしているだけなのですが、「女にふさわしい」全身を覆った地味な服装を強要するチラシが大学に貼られるようになります。女子学生の行動は制限され、さらには殺人レベルの暴力が日常的に起きるようになっていきます。犯人はきちんと裁かれず、法が女性を守ってくれることもありません。

法と社会が女性の権利を尊重しなくなっていくにつれて、私生活でも男たちがどんどん女性に対して無礼で暴力的に振る舞うようになっていきます。ネジュマの行きつけの生地店や大学の守衛の態度がどんどん悪くなります。さらには一見したところものわかりが良さそうだったネジュマのボーイフレンドであるメディーまで権威主義的な発言をするようになります。社会が男性による虐待を許しているため、男性が女性を当然のように軽視するようになる……ということが、丁寧な表現でリアルに描かれています。

これは１９９０年代のアルジェリアに限らず、日本を含めた世界中のあらゆるところで起こっていることです。皆さんの中に、よく考えると似たような経験をした……という方もいるでしょう。気づいていない方もおられるかもしれませんが、おそらく自分のすぐ近くにもメディーとネジュマのようなカップルがいるでしょうし、これからそうした事態を目にしてショックを受けることもあるかもしれません。

ハッピーエンドにはならないとてもつらい作品ですが、抵抗の精神の重要性が非常に明確に描かれています。ヒロインを演じるリナ・クードリの意志の強い表情も心に残ります。皆さんもネジュマに倣って、身につけるものを通して自己表現をしてみませんか？

製作：2019年／109分／フランス・アルジェリア・ベルギー・カタール
監督：ムニア・メドゥール
出演：リナ・クードリ、シリン・ブティラ、アミラ・イルダ・ドゥアルダ、ザーラ・ドゥモンディ

『パピチャ　未来へのランウェイ』DVD好評発売中￥4,180（税込）
発売元：クロックワークス　販売元：TCエンタテインメント

『ミセス・ハリス、パリへ行く』自分のためにオシャレすること

『ミセス・ハリス、パリへ行く』は、ポール・ギャリコの小説の映画化です。舞台は1957年のロンドンで、ヒロインは第二次世界大戦に出征して以来帰ってこない愛する夫を待ちつつ、通いの家政婦として暮らしているミセス・ハリスです。ミセス・ハリスはある日、ケチな勤め先の女主人のクローゼットでディオールのドレスを見つけます。ディオールのドレスにすっかり魅せられたミセス・ハリスは、なんとかしてこのドレスを手に入れたい……と夢を見始めます。そうこうしているうちに夫の戦死が認定されてしまい、ミセス・ハリスのところに寡婦年金が入ります。夫の死を悲しみつつ、気持ちの上で区切りがついたこともあり、ミセス・ハリスはお金をためてパリのディオールにドレスを買いに行くことにします。

私は子どもの時にミセス・ハリスシリーズを楽しく読んでいたのですが、『ミセス・ハリス、パリへ行く』の小説版は正直、オチがバッドエンドすぎて子ども心にまったく納得いかなかったのを覚えています。原作はミセス・ハリスのドレスが最後に台無しになってしまうという展開で、まるで庶民の女性が夢を見てはいけないみたいな終わり方じゃないか……と思いました。ところ

がこの映画版は、ちゃんと人々の善意でミセス・ハリスが報われるという幸せなオチになっています。映画のほうが原作小説よりもいいと思えることは一般的にそんなに多くはないのですが、私にとっては子どもの頃のショックが映画でやっと解決した……というとてもステキな内容でした。

　この作品のよいところは、階級や年齢のせいで着たいものを着られなくなるようなことは馬鹿げている、自分のためにオシャレするのは素晴らしいことだ、というポジティブなメッセージがあることです。ミセス・ハリスはワーキングクラスの中年女性でとても庶民的な暮らしをしていますが、いつもはつらつとしており、自分に対するある種の信頼があります。いつも自分のしたいことを追求し、周りの女性や若者と連帯してディオールの労働環境改善にまで協力します。不要な遠慮なんて全然ないので、ディオールの高級なドレスが自分にふさわしくないかもしれないなんていうことは全く考えません。そう、「こんな素敵な服は自分には似合わないのでは」なんていう考えはバカげています。着たいものを着ましょう!

　ファッションの芸術的な美しさをきちんと描いているのもこの映画のいいところです。ミセス・ハリスは自身がお針子でもあり、ステータスや高いものを見せびらかすためにではなく、美しくて良くできていると心から思っているからこそ、ディオールのドレスを欲しがっています。この映画は、美しさに感銘を受けた人にこそ素敵なドレスはふさわしく、そういう気持ちを持っている人なら誰だってそういう衣装を着ていいのだということを描いています。

製作：2021年／116分／イギリス
監督：アンソニー・ファビアン
出演：レスリー・マンヴィル、イザベル・ユペール、ランベール・ウィルソン

『ミセス・ハリス、パリへ行く』
Blu-ray: 2,075円(税込) / DVD: 1,572円(税込)
発売元: NBCユニバーサル・エンターテイメント

033

恋愛とセックス

『アントニア』

おおらかさと戦い

オランダのマルレーン・ゴリスはフェミニズム的な映画作りを続けてきた映画監督です。1995年にゴリスが撮った『アントニア』は、おとぎ話のような物語の中に、女性が受ける暴力とそれに対する戦いの重要性をしのばせた作品です。オランダなどベネルクス三国の映画にはあまり触れる機会がないかもしれませんが、アメリカなどとはかなり味わいの違う語り口を持っているので、試してみてほしいと思います。

『アントニア』はタイトルロールであるヒロインのアントニアから続く母系家族を描いた作品です。アントニアは第二次世界大戦後に娘を連れて故郷の村に戻ってきます。アントニアには恋人がいますが、結婚はせずに娘のダニエルを育てます。レズビアンのダニエルはアーティストになり、子どもを作るためだけに男性と関係を持ち、娘のテレーズを生みます。テレーズの娘であるサラがこの物語の語り手です。

アントニアの家庭では、女性は男性と結婚しなければいけないというような考え方がありません。子どもが欲しくなって妊娠したとしても子育てのために結婚する必要はないと考えられてお

恋愛とセックス

恋や性的な親密さに焦点をあて
ロマンティックな映画を紹介します

り、未婚で妊娠するのは世間体が悪いとか、父親がいないと子どもに悪影響があるとかいうようなうるさいことを言って若い女性の人生を妨害しません。恋愛は女性同士のものも含めて楽しいこととされているのですが、それが結婚と結びついてはいないのです。これは結婚が支配や契約といった法的な束縛を秘めているからです。アントニアの家の女性たちは束縛を嫌っています。村の人たちはいろいろ不愉快な噂をしたりするのですが、少なくともアントニアの家の中では若い女性たちはそうした性差別的な抑圧から守られています。アントニアの家は、今風な言い方をするのであれば女性や社会的に弱い立場に置かれている人みんなのためのセーフスペースです。アントニアの家の自由で安全な暮らしを見ていると、村人たちが変人扱いしているアントニアの家庭がいかに良いところか、そして村の人たちのほうがいかにおかしいかが見えてきます。

　この女性だけのユートピアみたいな家庭で暮らしているアントニアたちですが、そうした生活に脅威をもたらすのが性暴力です。アントニアやダニエルは兄のピッテに性的虐待を受けているディディを助けますが、一度出て行ったピッテは遺産問題のために戻ってきてテレーズを強姦します。いつもは優しくておおらかなアントニアですが、性暴力に対してはとても強い態度で臨み、ピッテを脅して呪いをかけたところ、ピッテは村人による制裁で死にます。現実の世の中では呪いをかけられたくらいで死ぬことはないのですが、このあたりはこの作品が意図的におとぎ話風に作られているゆえだと思います。『アントニア』は、フェミニズム的な視点で「こんな家庭があったらいいな……」ということを描いた風変わりなファンタジー映画なのです。

製作：1995年／103分／オランダ・ベルギー・イギリス
監督：マルレーン・ゴリス
出演：ヴィルケ・ファン・アメローイ、エルス・ドッターマンス、ベールレ・バン・オファーロープ、マリーナ・デ・グラーフ

034

『藍色夏恋』
台湾を舞台に少年少女の恋を描くクィアな青春映画

『藍色夏恋』は台湾の高校が舞台です。高校生の男女の三角関係を描いた作品ですが、登場人物のひとりがレズビアンで、自分のアイデンティティをさぐっている途上です。少年少女が少しずつ大人になっていく様子を恋愛をからめて描いた正攻法の青春映画です。

ヒロインのモン・クーロウはショートヘアで、口数は少ないですがはっきりした性格の女の子です。親友であるリン・ユエチェンは水泳部のカッコいい男の子であるチャン・シーハオに夢中ですが、クーロウの前ではいろいろ甘い夢を見ながらたくさんしゃべるわりにシャイで、シーハオに近づく勇気が出ません。ユエチェンはクーロウにアプローチしてもらおうとしますが、シーハオはクーロウのほうに夢中になってしまいます。ところがクーロウは女の子のほうが好きで、実はユエチェンに恋をしていました。

あらすじだけ書くととても古典的な恋愛ものです。真意を隠して自分が好きな人のために他人のところに求愛に出向く……という展開はウィリアム・シェイクスピアの『十二夜』にそっくりです。クーロウがレズビアンだという現代的な要素はありますが、全体的に笑いや下品にならない程度の下ネタをまじえつつ、互いにかみ合わない切ない恋心を繊細に表現していて、王道の青春ロマンス映画です。

可愛らしい映画ですが、女の子が好きなクーロウがものすごく社会的な抑圧を感じていることもさりげなく示されます。クーロウは浜辺の砂に「私は女の子　だから男の子が好き」と書く場面がありますが、これはクーロウをはじめとして周りの人ほぼみんなが当然のものとして持っている考え方です。露骨な同性愛差別が描かれるわけではないのですが、こうした細かい描写を通して、クーロウが生きている高校を中心とする世界がいかに「女の子は男の子とくっつくもの」という考え方でいっぱいで、それ以外の人はいないような世界観で回っているのかが表現されています。ユエチェンはこういう世界観を体現するような性格なので、なんでクーロウはこんなに友達甲斐のない子に夢中なんだろう……と見ているほうがやきもきしてしまうところもありますが、これもある意味リアルです。

クーロウとシーハオは恋愛関係にはなれませんでしたが、友達になります。シーハオは最後に「もしいつか、1年後か3年後、男性を好きになり始めたら一番に知らせろ」と言います。これは「同性愛は若い頃の一時的なものである」というおおむね誤った考え方にもとづいているようですが、一方でおそらくクーロウもシーハオもそんなことは起こらないだろうということを察しているように見えます。ほぼ絶望的だというのはわかっているのにこれを言わざるをえなかったシーハオの切ない気持ちがユーモラスに表現されており、終わり方は爽やかです。

製作:2002年／84分／台湾・フランス
監督:イー・ツーイェン
出演:グイ・ルンメイ、リャン・シューホイ、チェン・ボーリン

『ホリデイ』
男女関係に関するヒントを含んだロマンティック・コメディ

『ホリデイ』はインターネットを使って家を交換するサービスを題材にしたロマンティック・コメディです。ロンドンに住むコラムニストのアイリスと、ロサンゼルスで映画の予告編を作る会社を経営しているアマンダは、どちらもクリスマス休暇を目前にして恋人に裏切られてしまいます。ふたりはお互いの家を、休暇中交換して使うことにします。アイリスはロサンゼルスのお屋敷で映画音楽を作っているマイルズに、アマンダはイギリスの田舎のコテージでアイリスの兄グレアムに会い、恋が始まります。

監督のナンシー・マイヤーズは、アメリカで女性監督が冷遇されていた時代からコンスタントにロマンティック・コメディを作っている監督です。役者の魅力を引き出して気持ちの良い笑いを提供し、堅苦しいジェンダー観への批判もさらっと盛り込む作風で、私は好きなのですが、あまり評価が高くありません。大きな理由のひとつは、もっぱら女性をターゲットにしたロマコメを作る監督だからだと思います。映画批評は非常に男性中心的なので、女性向けのジャンル映画を評価する習慣がありません。

『ホリデイ』は批評家受けの悪いロマコメです。「ホリデイロマコメ」というジャンルがあり、休暇で旅に出かけた女性が恋に落ちて……みたいな映画は毎年クリスマスになると作られていて、どれも同じようにご都合主義的だということで低評価です。さらにマイヤーズは自分が知らない世界のことは撮らない、個人的な映画を作る監督なので、わりとリッチな白人女性しか出てきません。そのせいで話が単調になることもあります。

しかしながら、『ホリデイ』はホリデイロマコメの中では屈指の作品だと思います。嫌みなくカルチャーギャップが描かれており、ケイト・ウィンスレット演じるアイリスも、キャメロン・ディアス演じるアマンダも、性格は違いますがそれぞれチャーミングで、休暇先の知らない土地で新しい体験をして今までと違う人生の展望を見つけます。ジャック・ブラック演じるマイルズも、ジュード・ロウ演じるグレアムも、ヒロインたちと息がピッタリです。

気軽に楽しめるホリデイロマコメですが、男女関係に関するメッセージをさりげなく伝えようとしているところがあります。アマンダはイギリスに着いた日に泥酔してグレアムに迫るのですが、グレアムは応じません。翌日よく覚えていなくて困惑しているアイリスにグレアムが、意識が曖昧な女性とセックスするのは良くないから昨日は何もなかったよ……と説明するところがあります。これは性的同意が大事だしロマンスにはそういう気遣いこそ必要だということを描いています。『ホリデイ』にはこういうところがけっこうあり、気楽なロマコメの中にも、男女が平等に恋愛をするには何が大事かということが盛り込まれているのがよいところです。

製作：2006年／135分／アメリカ
監督：ナンシー・マイヤーズ
出演：キャメロン・ディアス、ケイト・ウィンスレット、ジュード・ロウ、ジャック・ブラック

『ホリデイ』Blu-ray: 2,075円（税込）/ DVD: 1,572円（税込）
発売元：NBCユニバーサル・エンターテイメント

『キャロル』
男性に忖度しない女性同士のロマンス映画

『キャロル』は長年にわたってクィア映画を牽引してきたトッド・ヘインズ監督がパトリシア・ハイスミスの原作を映画化した作品です。舞台は1950年代のニューヨークで、離婚を控えた美しい中年女性キャロルがデパートで働く写真家志望の若い娘テレーズと出会い、恋に落ちます。ところがキャロルの夫であるハージが独占欲を発揮し、キャロルの性的指向をネタに娘リンディの親権を奪おうとします。キャロルは窮地に陥り、一度はテレーズと別れようとします。

とにかく精密に計算して作られた映画です。どの画面も完璧に美しく50年代風で、見ていて疲れるくらい行き届いています。単に綺麗というだけではなく、細かい描写を積み重ねていくことで観客がテレーズやキャロルの心理にじわじわ入りこめるような工夫が施されています。ちょっとした小道具や撮影の仕方全てがこのふたりのヒロインの心情を観客に伝えるように丁寧に設計されています。とくに窓や鏡など、何かを「映す」ものが繰り返し登場するのがポイントで、不安や期待がある時は曇ったガラスや鏡越しに登場人物が出てくるなど、撮り方をキャラクターの心と一致させる表現がたくさん見られます。キャロル役のケイト・ブランシェットとテレーズ役のルーニー・マーラの演技も非常に完成されたものです。

既にお話してきたように、同性愛のロマンスは死や別れなどの悲恋で終わることが多いのですが、キャロルとテレーズの物語は控え目ながらも幸せを予想させる雰囲気で終わっています。ふたりは階級も年齢も違い（ちょっとキャロルが年上すぎてなかなか感情移入できないという人もいるかもしれません）、双方いろいろな人生のトラブルを抱えていて前途多難ですが、それでも未来への希望を持っています。このふたりの気持ちを、わかりやすい抱擁や台詞ではなく、表情や雰囲気だけで繊細に表現した、余韻に満ちたラストが特徴です。

さらにこの映画の特徴は、男性に対してとても容赦がなく、男性中心、異性愛中心の社会に刃向かう心意気に貫かれているということです。この映画は基本的に、男性がいなくても女性には素晴らしい満ち足りた人生があり得るのだということを描いています。女性の恋心や喜びが上品かつ妖艶にじっくり描かれていますが、男性の性欲や願いが満たされる描写がほとんどありません。出てくる男性はハージのように魅力がない敵役か、プロットに対する大きな影響がない傍観者です。男性に対してアンフェアでは……と思う人がいるかもしれませんが、世の中には女性が全然出てこなかったり、小さい役しか割り振られなかったり、ただの邪魔者役だったりするような映画が山ほどあることを考えると、この妥協のない女性同士のロマンス映画は気品に満ちている一方で、革新的で尖ったことをしていると言えると思います。

製作：2015年／118分／アメリカ
監督：トッド・ヘインズ
出演：ケイト・ブランシェット、ルーニー・マーラ、カイル・チャンドラー、ジェイク・レイシー、サラ・ポールソン

『ラフィキ：ふたりの夢』ナイロビのジュリエットとジュリエット

ケニア映画『ラフィキ：ふたりの夢』は、現代のナイロビを舞台にした女の子同士の『ロミオとジュリエット』とでも言うようなロマンスものです。ヒロインのケナは看護師を目指している若い女性です。両親は離婚しており、母親と暮らしていますが、別居している父親は選挙に立候補しています。ケナは父の対立候補の娘であるオシャレなジキに出会い、だんだん親しくなっていきます。しかしながらケナとジキは対立候補の娘同士で、しかもケニアでは同性愛に対する締め付けが非常に強く、愛し合うふたりの未来に暗雲が立ち込めます。

政治的に対立している一家の子ども同士が恋に落ち、悲惨な運命によって引き裂かれるというのは古典的な展開です。ケナとジキはロミオとジュリエットならぬジュリエットとジュリエットとでも言うような厳しい状況に置かれており、一見したところ結ばれるのは絶望的であるように見えます。そんな中でも、ナイロビの若者文化を背景に、現代的かつ生き生きとしたふたりの恋の様子が丁寧に描かれています。ケナもジキもちゃんと奥行きのある若い女性で、リアリティがあります。ケナには両親の離婚や将来への野心などいろいろ考えなくてはならない問題があり、あまり心が安まる暇がありませんが、それでも精一杯やっています。ジキはものすごくオシャレで、カラフルな髪型といいポップな洋服といい、とにかくセンスが良くて可愛らしく、ケナが心惹かれるのも当然という感じです。

しかしながら、そんな型破りで自由な性格のジキですら、ケニアの社会の強い抑圧から完全に逃れているわけではありません。ふたりは自分たちが恋をしていることを外から隠さねばなりません。タイトルの「ラフィキ」はスワヒリ語で「友達」を指すそうで、ケニアの同性愛者は自分の恋人を人前では「ラフィキ」だと言ってぼかしておくこともあるそうです。ふたりは心が通じ合う友だという点ではラフィキなのでしょうが、一方で人前ではラフィキ以上の関係であることをおおっぴらにしたいという気持ちもあるでしょう。含蓄のあるタイトルです。

途中で、ふたりがひどい差別を受けて別れさせられるところはとてもショッキングで、悲しい気分にさせられます。しかしながら『ロミオとジュリエット』とは違い、最後は希望のある終わり方になっています。映画やテレビドラマに同性愛者の若者が出てくると不幸になるというステレオタイプがありますが、この映画はそうした固定的な描き方をギリギリのところで回避しています。ふたりは引き裂かれても愛し合い、再会することができます。厳しい社会情勢を考えると楽観的な終わり方とはいえますが、それでもお決まりの悲劇を避けて明るいトーンで終わっているところには爽やかさがあります。

製作：2018年／82分／ケニア・南アフリカ・フランス・レバノン・ノルウェー・オランダ・ドイツ
監督：ワヌリ・カヒウ
出演：サマンサ・ムガシア、シェイラ・ムニヴァ、ジミ・ガツ、ニニ・ワシェラ

『ラフィキ／ふたりの夢』配給：サンリスフィルム

『黙秘』
秘密が作る女同士の絆

『黙秘』はホラーの大家であるスティーヴン・キングによる小説『ドロレス・クレイボーン』を原作としています。キングはメイン州の地元の文化に根ざした小説を書くことで有名ですが、この小説と映画もメインの田舎にある島が舞台です。内容に超自然的なところなどはないのですが、かなり怖い映画ではあります。

タイトルロールであるドロレスは歩けないお金持ちの女性であるヴェラの家で長年にわたってメイドをしていましたが、ヴェラが階段から落ちて死亡したことで殺人の疑いをかけられてしまいます。疎遠になっていたドロレスの娘のセリーナは母のためニューヨークから里帰りしてきますが、ドロレスが犯人なのかそうでないのか、確信がありません。地元の人たちはドロレスが夫のジョーを殺したと思っており、そのためヴェラもドロレスが殺したと思っています。このあたりの地方の小さなコミュニティのリアルな描写はスティーヴン・キングが得意とするところで、映画もそうした風味をよく表現しています。

お話は現在と過去が入れ代わり立ち代わり現れるような形で進みます。話が進むにつれて、実

告発と戦い

性差別や抑圧を告発したり
戦ったりすることについての映画です

⚠ 性暴力／子どもの虐待／ドラッグ

はジョーはドロレスに暴力を振るうばかりではなく、娘のセリーナを性的に虐待していたことがわかります。大人になったセリーナ自身はこの記憶を否定しているのですが、映像的な描写やメンタルのトラブルを抱えて鬱々としているセリーナの様子からして、虐待は本当に起こったと思われます。ドロレスはある日、ヴェラの前で感情を爆発させ、夫が娘にしていることを打ち明けてしまいます。いつもガミガミ冷たかったヴェラがドロレスに対して優しい言葉をかけ、自分が夫を殺したこと、ドロレスにもそういう選択肢があることをさりげなくほのめかします。

この映画では、ドロレスとヴェラが互いの秘密を共有することにより、女同士の絆を養います。ふたりとも不幸な女性で、それゆえに悪いことをしてしまった過去があります。ヴェラが雇い主、ドロレスがメイドという階級の差があり、さらにヴェラは気難しい女性でドロレスに文句ばかり言っていますが、秘密の共有をきっかけにある種の共犯関係とも言えるような親しさが生まれます。その後もふたりは一見したところ言い争ってばかりの関係なのですが、それでもお互いを気にかけていることは明白です。殺人という暴力をきっかけに立場が全く違う女性の間に生まれる不思議な連帯を描いた映画だと言えます。

ベテラン女優のキャシー・ベイツがドロレス役をつとめており、重い秘密を抱えつつ娘を守ろうとする母親を、静けさの中にも悲しみをたたえた演技で重厚に表現しています。娘のセリーナ役はふてくされたお芝居が得意なジェニファー・ジェイソン・リーがつとめています。日蝕が大きな役割を果たしており、この自然現象の不気味な使い方にはスティーヴン・キングらしいホラーっぽさが感じられます。

製作：1995年／131分／アメリカ
監督：テイラー・ハックフォード
出演：キャシー・ベイツ、ジュディ・パーフィット、ジェニファー・ジェイソン・リー、デビッド・ストラザーン

039

告発と復讐

『ボルベール〈帰郷〉』大変な目にあっても明るく生きる女性たち

『ボルベール〈帰郷〉』を撮ったペドロ・アルモドバルはスペインを代表する映画監督で、非常にクセのある作風と、女性キャラクターの丁寧な描写が特徴です。アルモドバル作品としては『ボルベール〈帰郷〉』は比較的わかりやすいほうだと思いますが、それでも監督の個性がにじみ出ているところがたくさんあります。同じ俳優を何度も起用することが多く、この作品もアルモドバルのお気に入りの主演女優であるペネロペ・クルスをはじめとして、お馴染みの女優陣が出演しています。

ヒロインのライムンダは夫のパコと娘のパウラと暮らしていますが、パコが失業してしまいます。ライムンダは自分が働いて家計を支えようとしますが、パコが突然、パウラは自分の娘ではないと言って性暴力を振るおうとし、パウラは身を守ろうとしてパコを殺してしまいます。ライムンダは娘を守るため、パコの死体を隠蔽しようとします。

あらすじだけ聞くと非常に暗い話のように見えますし、女性がいかに家庭生活において男性に抑圧され、暴力を振るわれているかということがたたみかけるように繰り返し語られるので、とても深刻な話題を扱った映画だと言えます。さらに途中から幽霊のお話まで出てきます。しかしながら、暗い話題を扱っているわりには、この映画は明るい雰囲気で展開します。女性たちはひどい暴力にさらされていますが、少なくともこの映画ではそのまま泣いて引き下がったりせず、しだいに抵抗するすべを身につけ、やむを得ない場合は同じくらいの暴力で身を守ります。暴力から身を守り、互いに助け合うことを通して、綻んでいた家族の女性の間の絆が回復する展開もあります。この映画は性暴力を振るうような男性は反撃され、殺されてもしかたがない……という価値観にもとづいて作られており、ライムンダやパウラの行動は共感を持って描かれます。もちろん、そもそも性暴力の危険にさらされずに生きられるのが当然なので、危険に対抗して暴力を振るった女性たちの心には傷が残ります。その後の人生をそれまでとまったく同じように生きられるわけでもありません。それでも女性同士助け合って生きていくことに希望があるというようなトーンが全体を貫いています。

全体的にとても色鮮やかで、独特の濃さがあるオシャレなテイストで画面が統一されているのも明るい雰囲気を生み出しています。アルモドバルの映画は赤が基調の派手な画面作りをしていることが多いのですが、この映画もちょっとした日常生活のひとコマまでカラフルに撮られています。ペネロペ・クルス演じるライムンダはつらい時でもオシャレを忘れず、素敵な服装で自分の気分を引き立てて人生の苦労を乗り越えていきます。タイトルはカルロス・ガルデルのタンゴ「ボルベール」からとっており、音楽も映画全体に華やかさを添えています。

製作：2006年／120分／スペイン
監督：ペドロ・アルモドバル
出演：ペネロペ・クルス、ロラ・ドゥエニャス、ヨアンナ・コバ

『ハンナ・アーレント』
女性いじめを乗り越えて

ドイツの女性映画監督マルガレーテ・フォン・トロッタは、フェミニズム的な視点を含んだ女性映画をよく撮っている監督です。2012年の映画『ハンナ・アーレント』は、有名な哲学者ハンナ・アーレントがアメリカに渡り、『エルサレムのアイヒマン』を書いた時期に焦点をあてた伝記映画です。アーレントがナチスに加担した師であるハイデッガーや抑留の暗い記憶に悩まされつつ、『エルサレムのアイヒマン』を仕上げ、これによってユダヤ人コミュニティも含むいろいろな人々からいじめや中傷を受けるのに果敢に応戦する、という内容です。

アーレントはナチスの犯罪者であるアイヒマンの裁判を傍聴しますが、著作でアイヒマンをステレオタイプな「極悪人」としてとらえず、新しい見方を提供します。ユダヤ人コミュニティのリーダーがナチス台頭の初期段階で現状を受け入れ、保身のために迫害に加担してしまったことも批判したため、ナチス寄りだという根拠のない中傷を受けます。それでもアーレントは「知識だけではなく深く考えることが必要」という態度を崩さず、哲学的思考を深めていきます。

アーレントが『エルサレムのアイヒマン』で触れた「悪の凡庸さ」というのはなかなか哲学的

に難しく、単純な理解を拒む概念です（日本でもかなり誤解されているようです）。しかしながらこの映画では、難解な哲学的概念を議論を通して深めるのではなく、型破りな考え方をする頭がよくて冷静な女性の発言が気に入らないからというだけで男性たちがなんだかんだと文句をつけていじめてくる……という、現在の家庭でも職場でもインターネット上でも毎日のように起こっているありふれた女叩き現象が描かれています。アーレントのところに「顔が傲慢そうだ」という容姿攻撃の手紙が送られてくるところがありますが、これはアーレントが物言う女性であるから攻撃されているのであり、考え方よりも存在が気に入らない人たちがいるということが明確に示されています。これは気に入らない人たちを排斥しようとしたナチスと実はあまり変わりません。アーレントを攻撃する人たちはナチスを批判しているつもりで実はナチスに近づいているのです。恩師ハイデッガーとの関係を勘ぐられて「男の影響」のような方向で片付けられてしまうところもあり、女性がものを言うとどういう攻撃を受けるかが非常に丁寧かつイヤな感じで表現されています。

しかしながらこの映画には希望もあります。それはある程度の知的好奇心さえあれば学歴などを問わず深く考えることが可能であり、深く考える人にはそれを信頼して助けてくれる人も出てくる、という可能性が示されていることです。ハンナはひどい非難にさらされますが、夫ハインリヒや親友である女性作家メアリ・マッカーシー、また若い教え子たちなど、言いたいことを理解して支援してくれる人たちも登場します。考え続けることが戦う道なのです。

制作：2012年／114分／ドイツ・ルクセンブルク・フランス
監督：マルガレーテ・フォン・トロッタ
出演：バルバラ・スコヴァ、アクセル・ミルベルク、ジャネット・マクティア、ユリア・イェンチ

『ハンナ・アーレント』ブルーレイ、DVD絶賛発売中＆配信中
ブルーレイ版：¥5,170（税込）　DVD版：¥5,170（税込）
発売・販売：ポニーキャニオン提供：セテラ・インターナショナル

『母たちの村』
「伝統」と戦う

アフリカの赤道に近い地域の一部などに女性器切除（ＦＧＭ）という習慣があります。これは若い女性の通過儀礼として行われており、女性器のクリトリスや小陰唇などを切除したり、その後の縫合を行ったりすることです。さまざまな実施方法があるのですが、施術中に感染症にかかったり死亡したりすることもある他、切除を受けた女性は排尿や月経のトラブル、性交渉の際の激痛、難産などさまざまな健康問題に見舞われることもあります。

ＦＧＭは女性の健康、とくに性と生殖をコントロールする権利に著しい悪影響を与えます。さらに多くの場合はまだ自分の身体や健康について充分な知識がない小さな子どもに対して行われるため、児童保護の観点からも問題があり、国連も廃絶を訴えています。「伝統」だからといって健康被害や人権侵害が認められることにはなりません。一方で西洋の視点で「未開」の地域を見下す、あるいは「救ってあげる」ような押しつけがましい態度での廃絶運動には強い批判があります。上から教化するようなやり方ではＦＧＭを減少させることは見込めません。こうした中で必要なのは、実際にアフリカなどの現地で生まれ育ち、地元の文化を理解した上でＦＧＭに反対しているフェミニストの活動家をとにかく支援することです。ソマリア出身のモデルであるワリス・ディリー、同じくソマリア出身でアイルランドに移住した活動家のイフラ・アーメド、セネガル出身の活動家であるキャディ・コイタなど、自身や周囲の人が実際にＦＧＭを受けたことで廃絶に向けた活動を始めた女性はたくさんいるので、そうした活動を知ることがまず大事です。

『母たちの村』はセネガルの有名な映画監督センベーヌ・ウスマンがＦＧＭを題材にブルキナファソで撮った作品です。アフリカの小さな村で、ＦＧＭを受けたくない少女たちが逃げだし、自分の娘にＦＧＭを受けさせなかったコレのところに「保護」（モーラーデ）を求めます。この「保護」は魔術的な意味のあるもので、村人は尊重せざるを得ません。「保護」は、始めたコレ自身が終了を決定して宣言しないと終わらせることができません。周りの人々はさまざまな手段で圧力をかけますが、コレはなかなか屈しません。

　村の少女たちを守るため、ひどい虐待を受けても戦うコレの勇気が感動を呼ぶ作品です。コレはＦＧＭを受けた結果、流産やひどい難産で死にかけた経験があり、娘のアムサトゥを守るためＦＧＭを受けさせませんでした。コレがやっているのは、自分の後に続く女たちを自分と同じ目にあわせないための戦いです。

　深刻な問題を扱っており、途中でなかなかキツい描写もありますが、カラフルな色彩設計やオシャレな衣類など、ヴィジュアル的にもこだわりがあり、全体的にはカラっとした明るい雰囲気です。女性たちが歌ったり踊ったりする楽しい場面もあります。コレの娘アムサトゥのロマンスなどもあり、最後は抵抗の重要性を称えるような雰囲気で終わります。

製作：2004年／124分／セネガル・ブルキナファソ・モロッコ・チュニジア・カメルーン・フランス
監督：ウスマン・センベーヌ
出演：ファトゥマタ・クリバリ、サリマタ・トラオレ

フェミニズム

『未来を花束にして』
未来とか花束とか、そんなレベルじゃない

この映画の英語のタイトルは *Suffragette* です。「サフラジェット」というのは映画内にも出てくる女性社会政治連合（Women's Social and Political Union、略称WSPU）のメンバーを中心とする、20世紀初頭の時期に女性参政権を求めて戦闘的な活動を行っていたアクティビストたちのことです。「参政権」を意味する suffrage から来た言葉です。女性に選挙権がなく、ひどい差別を受けていたこの時代に、サフラジェットたちはエメリン・パンクハーストとその娘たちなどをリーダーとし、破壊活動も厭わない激しい運動を繰り広げていました。

戦闘的なサフラジェットを描いたこの映画が、日本では『未来を花束にして』というタイトルになってしまうのは嘆かわしいことです。この映画には未来を花束にするような生やさしいところはありません。1910年代の女性運動の厳しい現実を描いた歴史映画です。配給元がこういうふわっとしたやさしいタイトルにしないと女性向けとして売れないと思ったのでしょうが、女性参政権運動をナメているな……と思います。

この映画のポイントは、これまでミドルクラス以上の活動家が注目されがちだった女性参政権

運動について、労働者階級の女性たちの活動に焦点をあてているところです。女性参政権運動には働く庶民の女性も多数参加していました。若い頃から自分で働いて稼いで世の中を支えているのに選挙権がないのですから、不満を感じて参政権を求めるのは当然です。

この作品は1912年のロンドンを舞台に、洗濯工場で上司のセクハラに苦しみながら働くモードが女性参政権運動に参加し、サフラジェットとして戦う様子を描いています。どうしてモードのような女性が破壊活動をするに至ったのかがきちんと示されています。貧しい庶民の女性には人権が保障されておらず、職場などで性暴力にあっても訴えられないし、離婚や財産についても夫に比べて非常に不利でした。状況を改善させようとしても、そもそも選挙権がないので代表を議会に送ることもできません。女性たちは全くの二級市民であり、税金や労働の点では大人として扱われるのに他の権利はない存在です。

序盤で一度モードは議会で労働条件についての証言を行いますが、選挙権のない女性の証言は無視されてしまいます。このあたりの描写は、「抗議活動は平和的に行うべきだ」という、今の日本では誰でも当たり前と思っていることが既に実は体制の有利に働き得るということを鋭くついています。いくら平和的に頼んでも、モードのような女性たちにはそもそも議論の席につく権利すら認められていないので、議会に影響力を及ぼすことができず、無視されるだけです。無視されないために女性たちは先鋭化しました。暴力は良くないことですが、過去の政治運動を考える時に、「抗議活動は平和的」であって当然だという考え方では通用しないこともある……ということをこの映画は教えてくれます。

製作：2015年／106分／イギリス
監督：サラ・ガブロン
出演：キャリー・マリガン、ヘレナ・ボナム=カーター、ブレンダン・グリーソン、アンヌ=マリー・ダフ、ベン・ウィショー、メリル・ストリープ

043

『グロリアス 世界を動かした女たち』

フェミニズム運動の連帯をひねったスタイルで描く

アメリカのフェミニズム雑誌『ミズ』の創刊者であるグロリア・スタイネムは、フェミニズムの歴史を少しかじった人であれば誰でも知っている有名人です。ところが、個性的な演出で有名なジュリー・テイモア監督が撮ったスタイネム伝『グロリアス 世界を動かした女たち』は、オーソドックスな伝記映画ではありません。変わった構成で、モノクロ映像のバスにそれぞれの世代のグロリア・スタイネムが乗っていて、グロリア自身の現在と過去の移動が重ね合わされたり、過去や未来の自分に対する問いかけをしたりしながらお話が進みます。最後にはスタイネムご本人も少しだけ登場します。

この映画に登場するグロリアは苦労人です。経済的に不安定なユダヤ系の旅回りの商人である父と、メンタルヘルスの問題を抱えた母の間に生まれ、少女時代は今でいうヤングケアラーでした。奨学金でインドに留学し、セクハラだらけのジャーナリズム業界に幻滅してフェミニズム活動を始め、『ミズ』を創刊し、60歳すぎで初めて結婚……という波乱に満ちた生涯をおくっています。

この映画がいわゆる「偉人の伝記映画」にしては個性的なのは、ヒロインのグロリアにそこまでカリスマ的なリーダーシップがないことです。自己主張ははっきりしており、有能なのですが、カリスマで人を引っ張るよりは取材して何か書くとか、人を説得して資金を集めるとか、交渉するとか、集まりを滞りなく運営するとか、そういった日々の事務作業が得意な活動家として描かれています。全米女性機構の会長になっても、会議の書記やらビラ配りやらの地味な作業が主な仕事です。アクティビズムというのは個々の活動家の地道な作業で成り立つものだという発想にもとづいた描写で、主人公をカリスマとして派手に描きがちな伝記ものとは一線を画しています。カリスマというよりは地道な活動家だったグロリアの強みは、人望があっていつも他の女性たちが助けてくれるということです。インド留学中は地元の活動家から多くを学び、黒人や先住民やラテン系のフェミニストからも助けられます。

こうした女性同士の連帯を通して描かれているのは、フェミニズム運動というのはひとりのヒーローをまつりあげるものではなく、いろんな女性の活動が結びついてできるものだ、ということです。さらに60年代のフェミニズムがとても多様だったことを描くことで、フェミニズム像が白人ミドルクラス女性中心のものにならないように気をつけている一方、パブリックイメージのためにグロリアのような白人女性を前に出しがちだったことについての反省もあります。作中でグロリアはフェミニズムが「白人女性中心だという批判についてはどう思うか」と聞かれた時に「黙って耳を傾けます」と答えていますが、これは現在でも必要な心構えだと思います。

製作：2020年／147分／アメリカ
監督：ジュリー・テイモア
出演：ジュリアン・ムーア、アリシア・ヴィキャンデル、ティモシー・ハットン、ジャネール・モネイ、ベット・ミドラー

『グロリアス 世界を動かした女たち』配信中
発売元・販売元：キノフィルムズ／木下グループ

フェミニズム

『バービー』
人生の意味を探して

マテル社から1959年に発売されたバービー人形は長きにわたり、性差別的だという批判にさらされてきました。定番のバービーはブロンドでスタイルのいい白人女性で、現実離れした体型や画一的な美の基準を理想化するおもちゃだと指摘されています。長い年月を経て体型が変わったり、人種や仕事などが違うモデルが増えたりもしていますが、それでも厳しい目が向けられてきたことは間違いありません。

そんなバービーを一風変わった自分探しの物語に仕立て上げたのが2023年の映画『バービー』です。監督のグレタ・ガーウィグはフェミニズム的なアート映画を得意としてきました。この映画もびっくりするほど哲学的で、フェミニズム風味の強い作品になっています。

マーゴ・ロビー演じるヒロインである定番バービーはバービーランドに住んでいます。バービーランドはいろいろな型のバービーや、そのボーイフレンドであるケンなどが住むおとぎの国のような場所で、政治からゴミ収集まで、社会のあらゆる役割をバービーたちが担っています。ケンはバービーのボーイフレンドというだけで、それ以外にたいしてやることがありません。

バービーランドには死も暴力もありません。まるでユートピアのようですが、実は相当いびつな場所です。ユートピアが堕落した状態をディストピアと言いますが、男性であるケンが女性であるバービーの添え物のように扱われ、また女性でもケイト・マッキノン演じるへんてこバービーのような変わり者は受け入れてもらえないバービーランドはけっこうなディストピアだと言えます。

バービーランドは現実社会を逆転させた映し鏡です。ケンのような男性が気の毒な状況に追い込まれていますが、現実社会では女性が男性の添え物のように扱われ、男性である誰かの妻とかガールフレンドといった立場でだけ認識されて、本人の人格や関心がちゃんとした敬意を払ってもらえないということがよく起こっています。バービーランドが問題ある場所に見えたとしたら、現実社会も同じくらい怖くて不平等なのだということに気づいたほうがよいでしょう。

この映画は、定番バービーがそんなバービーランドを抜け出し、現実社会で苦労しているさまざまな女性たちと出会い、自分の人生の意味とは何なのかを考える旅を描いています。ピンクが大好きなブロンド美女が人生と向き合うようになる……という展開は2001年の『キューティ・ブロンド』をほうふつとさせます。しかしながらバービーの物語はエルの物語とは違い、恋愛や仕事があれば人生はうまくいく……というような楽観的な道を辿りません。この映画で提示されているのは、たとえつらくとも自由意志で考えて選ぶことが良き人生を生きるために大事だという考えで、バービーの人生は始まったばかりです。『バービー』はこれから人生で困難な選択に直面するであろう若い女性に寄り添ってくれるような映画です。

製作：2023年／114分／アメリカ
監督：グレタ・ガーウィグ
出演：マーゴット・ロビー、ライアン・ゴズリング、ケイト・マッキノン

シスターフッド

『タイムズ・スクエア』

階級の違うふたりの少女の大冒険

『タイムズ・スクエア』のタイトルはニューヨークの名所であるタイムズ・スクエアを指しています。ヒロインのひとりであるパメラの父親デイヴィッドは、タイムズ・スクエアのごちゃごちゃしたところを一掃して再開発することを訴えている政治家です。パメラはそんな父親にあまり理解をしてもらえず鬱々としており、結局精神病院に送られてしまいます。パメラはそこで、やはり意に反して入院させられている音楽好きのエネルギッシュなニッキーと出会います。お嬢様のパメラと貧しいニッキーは育った環境の違いにもかかわらず意気投合し、精神病院を脱走します。ふたりの自由奔放でハチャメチャな冒険が始まります。

『タイムズ・スクエア』はいわゆるカルト映画と言われる作品で、幅広く有名な名作というわけではないのですが、根強いファンがたくさんいます。公開された時はあまり評価が高くありませんでしたが、だんだん人気が出て評価されるようになりました（この本でとりあげた映画の中では、『プッシーキャッツ』や『恋のミニスカウエポン』も同じような経緯で人気が出るようになったカルト映画です）。公開された時代の好みにあわなかったのだと思いますが、1980年頃のニューヨークアンダーグ

シスターフッド

女性同士の連帯がテーマの映画を紹介します

ラウンドパンクシーンをとらえた時代の空気を背景に展開するパワフルで愛らしい青春音楽映画で、とても楽しめる作品だと思います。パメラとニッキーの関係は女性同士の淡い恋愛のように描かれており、おそらく現代の映画ならもっとロマンティックな描写が入るところだと思うので時代の限界はありますが、それでも爽やかにふたりの気持ちを描写しています。

1980年頃の時代の雰囲気をとらえた作品ですが、一方で性差別に関する古典的なモチーフを取り入れてもいます。社会にとってあまり好ましいとは言えない振る舞いをする女性を精神病院に収監するというのは昔から行われている女性抑圧の手段です。フェミニズムのパイオニアとして有名なメアリ・ウルストンクラフトは『女性の虐待あるいはマライア』という未完の小説を書いており、この作品は著者の死後、1798年に刊行されました。ヒロインのマライアは虐待的な夫の策略で精神病院に閉じ込められてしまいます。既にとりあげた『エンジェル・アット・マイ・テーブル』でも、ヒロインが誤診されて精神病院に閉じ込められていました。ニッキーやパメラみたいにちょっと変てこりんな女の子であるだけで意に反して精神病院に閉じ込められるなんて強引では……？　と思うかもしれませんが、実はこのふたりは長きにわたる女性の受難を象徴するような経験をしています。そこから軽やかに抜け出し、女の子同士が協力し、最後はタイムズ・スクエアでのコンサートで終わるこの映画はとても爽やかな後味を残す作品です。

製作：1980年／112分／アメリカ
監督：アラン・モイル
出演：トリニ・アルバラード、ロビン・ジョンソン、ティム・カリー

046

シスターフッド

『マドンナのスーザンを探して』「平凡な主婦」と不良娘の出会い

スーザン・シーデルマンはアメリカでハリウッドの主流とはちょっと違うフェミニスト的な映画を1980年代から作ってきた女性監督です。『マドンナのスーザンを探して』はシーデルマンの代表作です。日本語タイトルが言っているようにマドンナが出演しているのですが、英語のタイトルは『やけっぱちでスーザンを探して』*Desperately Seeking Susan* で「マドンナ」は入っておらず、マドンナは大事な役ですが主演ではありません。

ヒロインはロザンナ・アークエット演じる平凡な若い主婦ロバータです。ロバータは日常生活に退屈していましたが、新聞にのっている「やけっぱちでスーザンを探して」いるという広告をなんとなくロマンティックだと思っています（今ではピンときませんが、スマートフォンやSNSがない時代は人と会うのに新聞を使うことがありました）。ロバータは興味を持ってスーザンを探し始めますが、その途中でさまざまなトラブルにあい、スーザンと間違えられ、一時的に記憶を失うなど、刺激的な体験をします。

ロバータのことを「平凡な主婦」と書きましたが、実は「平凡な主婦」なんていません。どんな人も少しずつ「平凡」ではない、よく言えば個性的な、悪く言えばヘンなところを持っているものです。ロバータはスーザンを探す過程で自分の「ヘンな」ところを発見し、それこそ本当の自分であり、自分が望んでいる生き方なのだ……ということに気づいて解放されます。ロバータは映画の最後で停滞した結婚生活に終止符を打ち、新しい人生に踏み出します。

マドンナ演じるスーザンはキレイなものに目がない手クセの悪い不良娘で、イヤリングをくすねたせいで大きな盗難スキャンダルに巻き込まれるのですが、ファッションセンスがとにかく独特でオシャレです。1980年代半ばのニューヨークのストリートファッションがリアルに反映されており、当時ポップスターへの階段をのぼり始めたばかりだったマドンナの個性が重なって、主演ではないのですが強い印象を残します。スーザンはロバータの人生に急に現れて刺激を与える、一歩間違えばよくある不思議ちゃんになりそうな役柄ですが、傍若無人なエネルギーのおかげでそうしたステレオタイプを免れていると思います。

ロバータとスーザンは映画の終盤になるまできちんと会うことがないのですが、初めてふたりがちゃんと相まみえる場面は妙に感動的です。ロバータはこれまでスーザンを探し、スーザンと間違えられ、意図せずスーザンの人生を生きるようなふしぎな経験をしてきました。そういうこともあり、ふたりの女性の間には奇妙な絆ができているように見えます。スーザンはあまり立派な女性とは言えないかもしれませんが、ロバータとは妙に息があっています。この作品は一風変わった形で女性同士の連帯と解放を描いた映画と言えるでしょう。

製作：1985年／104分／アメリカ
監督：スーザン・シーデルマン
出演：ロザンナ・アークエット、マドンナ

『テルマ&ルイーズ』
やっと訪れた女性のためのロードムービー

1960年代末から1970年代半ば頃にかけて、ハリウッドではそれまでのヘイズ・コードという規制に縛られていたアメリカ映画とは違う、暴力やセックスをあからさまに描いた反体制的で陰のある若者映画が流行するようになりました。この動きは日本語ではアメリカン・ニューシネマ、英語ではNew Hollywood（ニュー・ハリウッド）などと呼ばれています。それ以前のアメリカ映画に比べると革新的で、1960年代における社会の変革を反映していました。

ところが、「革新的」なのはもっぱら異性愛者男性に関係するところだけでした。例外はあるものの、ニューシネマは白人男性中心で、女性や非白人、性的マイノリティはこれまで同様、脇に追いやられがちでした。アメリカ映画の「革新」は白人男性にしか訪れなかったのです。「革新」が女性に訪れたのはさらに20年もたってからでした。1991年の『テルマ&ルイーズ』は、それまでの男性中心的なニューシネマやロードムービー（旅の経過を描いた映画）をひっくり返したような内容の映画です。ヒロインのテルマは主婦、ルイーズは独身のウェイトレスです。親友であるふたりは車でバカンスに出かけることにしますが、テルマをレイプしようとした男をルイーズが射殺してしまったため、ふたりは逃亡することになります。

砂漠や畑や山が広がる壮大な風景の中を車で飛ばしながら、解放されていくテルマとルイーズの姿は爽やかです。旅に出る前、ふたりは女性であるがゆえの重荷を背負わされていました。テルマは夫の許可がなければ家からも出られないくらい抑圧されていました。はっきりした性格のルイーズも、かつてテキサス州で性被害にあい、訴えてもとりあげてもらえずに心の傷を負ったらしいことがほのめかされています。殺人をきっかけにふたりは男社会に復讐し、束の間自由の夢を見ます。

テルマもルイーズも若い頃にニューシネマを見たと思われる年代です。こうした女性たちが中年になって、やっと女性のための映画が現れました。60年代から70年代の映画はアメリカ社会の抑圧的側面を自由な魂の敵として描いていましたが、『テルマ&ルイーズ』はそれまでの映画が隠蔽し、むしろ加担してきたと言えるかもしれない抑圧、つまり男社会を敵として描いたところが新しかったと言えます。

ハッピーエンドで終わらないこの映画の救いとしては、ハーヴィ・カイテルがテルマとルイーズに共感する刑事ハルを演じているというところがあります。ハルやルイーズの恋人ジミーは魅力のある男性キャラクターなのですが、それでも公開当時、この映画は男性をひどく描きすぎていると言われました。テルマとルイーズが振るう暴力は今までのアメリカ映画で男性が振るう暴力とそう違いはないのに、女性が男性に向かって暴れるだけでそう言われたのです。なんともバカバカしい話ですね！

製作：1991年／129分／アメリカ
監督：リドリー・スコット
出演：ジーナ・デイヴィス、スーザン・サランドン、ハーヴェイ・カイテル、マイケル・マドセン

048

シスターフッド

『プッシーキャッツ』ポップでオシャレな見た目に隠れた諷刺

『プッシーキャッツ』は1960年代に始まったコミックを原作とする1970年代のアニメ『ドラドラ子猫とチャカチャカ娘』の実写映画化です。ジョシー、メロディ、ヴァレリーはいかにも2000年代初頭っぽいポップパンクバンド「プッシーキャッツ」をやっている仲良し3人組です。さっぱり売れていないのですが、ある日突然プロモーターのワイアットが契約を申し出ます。3人は喜びますが、売り出しの過程でいろいろと怪しげな策略が出てきます。実はレーベルであるメガ・レコードは政府とつながっており、音楽を通したサブリミナルメッセージで市民の洗脳を企んでいて、プッシーキャッツは知らないうちに洗脳のための道具として使われそうになっていたのでした。

ポップでオシャレでやたらとブランド名が出てくる作品なのですが、実はこれは諷刺……というか、この作品はアメリカのメディア市場の商業主義や偏ったマーケティング手法を批判しています。いたるところにプロダクトプレイスメント（実在する企業の商品やロゴを映画などに出す広告手法）があるのですが、これは何がなんでも若い消費者に商品を買わせようとし、さらにはそれを消費者自身の意志でやったことに見せかけようとする企業に対する皮肉です。アラン・カミング演じるワイアットと、パーカー・ポージー演じるメガ・レコードのトップであるフィオナはやたらと誇張された芝居がかった悪役です。

この映画はそういう中で素直な少女たちが利用され、洗脳されそうになり、ひどい目的のために搾取される様子を描いています。プッシーキャッツは好きな音楽をやりたいのに、自分たちが着たいものとは違う露出度の高い服を着せられ、商品として扱われます。洗脳は猫耳ヘッドセットなど、一見無害でティーンが喜びそうな可愛い商品を通じて気づかないうちに行われます。バンドメンバーは最後に自分を取り戻し、やりたい音楽を演奏します。

この映画は拝金主義を過剰に誇張することで手厳しい批判をしているのですが、公開当時は理解されず、批評家ウケも最悪でした。何かを過剰にやることで諷刺を行う映画というのは『スターシップ・トゥルーパーズ』（1997）のようにいくつかありますが、諷刺ではなく、諷刺した対象（『スターシップ・トゥルーパーズ』の場合は軍国主義、『プッシーキャッツ』の場合は商業主義）を礼賛する映画と勘違いされることがあります。『プッシーキャッツ』がこの種の諷刺ものとしてもとくにウケが悪かった理由としてはいろいろ要因がありますが、ティーンの女の子を扱った映画というのは性差別のせいで批評家に軽視されがちだったからではないかとも言われています（英語ですが、興味のある人は左のリンクからYouTubeの批評を見てみてください）。今はカルト映画となっているこの作品を、ぜひ諷刺映画として楽しんでみてください。

参考：https://www.youtube.com/watch?v=x42a2m77G1M&t=5s

製作：2001年／98分／アメリカ
監督：ハリー・エルフォント、デボラ・カプラン
出演：レイチェル・リー・クック、タラ・リード、ロザリオ・ドーソン、
アラン・カミング、パーカー・ポージー

シスターフッド

『花咲くころ』
踊る以外は許されないとしても

『花咲くころ』の舞台は1992年、ジョージアの首都トビリシです。ジョージアは1991年に独立したばかりで内戦が発生していました。この作品は、そんな政情が不安定な時期を背景に、十代の少女エカとナティアの暮らしを描いています。エカは父親が刑務所に入っており、面会することにためらいを感じています。ナティアは暴力的な父親がいる不幸な家庭で育ち、ラドという若いボーイフレンドと相思相愛で求婚もされているのですが、突然、別の求婚者に誘拐され、結婚することになってしまいます。

女性にとって美貌は必ずしも幸運をもたらしません。この映画でもナティアは美貌のせいで目をつけられて誘拐され、結婚を強要されます。もともとはっきりした性格だったナティアが、最初は自分を納得させるように誘拐結婚を受け入れ、だんだん不幸せになっていくあたりが非常にリアルかつ痛々しく描かれています。

誘拐による結婚は性暴力であり、女性の権利を無視した行為です。しかしながら誘拐結婚であっても結婚式は盛大に行われます。この作品の見せ場のひとつは、エカがナティアの結婚式でダンスをするところです。若くて活動的な女性が踊るダンスにしてはぎごちないように見えますが、実はこの振り付けは通常ジョージアでは男性が踊るそうで、エカは普段あまりやったことのないステップを試しているということになります。

この場面でのエカの表情や動きは非常に印象的です。親友であるナティアが、他に好きな男性がいるのに誘拐結婚させられてしまい、さらにそれについておそらくは無理矢理折り合いをつけて状況を受け入れてしまっているという状況で、エカはショックと絶望を味わっているはずです。しかしながら、男性中心的なトビリシではそういうことを口にするのは許されず、結婚式の祝賀ムードに水を差すことができません。エカが自分の感情を表現できるのはダンスだけです。ここで男性の振り付けで踊るエカは、男性に許されている自由を求めて踊っていると言えるでしょう。

ダンスを男性中心的な社会が女性に許している唯一の自己表現の方法として描いている作品はたくさんあります。オスカー・ワイルドの『サロメ』に出てくる7つのヴェールの踊りや『人形の家』のノラのダンス、映画『ギルダ』でヒロインが踊るダンスなどがそうした例で、この『花咲くころ』のエカのダンスもそうした心の叫びの表現と言えます。踊ることは男性に身体をさらして喜ばせることになるので、結局は男性社会に従属させられることになってしまいかねないのですが、それでも自分の気持ちを表現せずにはいられないとき、女性はダンスをします。わざと男っぽい慣れない動きをまじえて踊るエカの表情は、こうした声にならない自己表現の欲求をとてもよく物語っています。

製作：2013年／102分／ジョージア・ドイツ・フランス
監督：ナナ・エクフティミシュヴィリ、ジモン・グロス
出演：リカ・バブルアニ、マリアム・ボケリア、ズラブ・ゴガラゼ、ダタ・ザカレイシュビリ

『花咲くころ』配給：パンドラ

050

シスターフッド

『裸足の季節』

抑圧をはねのける生き生きした少女たち

『裸足の季節』の舞台はトルコ北部の田舎の村です。両親がおらず、祖母の保護のもとで暮らしている若く美しい5人姉妹は自由にのびのびと育っていましたが、娘たちが結婚できそうな年齢になってきて、封建的なエロルおじが姉妹を家に閉じ込めてしまいます。外部と通信するための装置やオシャレなものは全部捨てられ、娘たちは地味な服を着せられて良妻教育を受けさせられます。娘たちは次々に結婚させられていきます。

5人姉妹は閉じ込められるだけではなく、強制結婚や性的虐待など苛酷な抑圧を受けています。この映画でも、美貌は女性に全く幸せをもたらさず、苦労を呼びこみます。姉妹のうちで強制結婚に抗うことができるのは、意志が強く、好きな相手と結婚できた長女のソナイと、サッカー好きで反抗心旺盛な五女のラーレだけです。これは飛び抜けて機転の利く性格でないと抵抗すらできない厳しい状況を示しています。大人しい次女セルマは不本意ながらもよく知らない相手との結婚を受け入れた結果、初夜に出血がなかったせいで病院に連れて行かれます。見た目は穏やかですがさまざまなものを内に秘めていた三女のエジェはおじから性的な虐待を受けており、結婚させられることになりますが、だんだん精神的に不安定になり、出会った男とどう見てもすぐ見つかりそうなところでイチャイチャするなど奇矯な行動をとった後に自殺してしまいます。この奇矯な行動は、処女性を尊ぶ男性中心的な文化に対するエジェの精一杯の抵抗と考えられます。四女でまだ子どものヌルもおじから性的虐待を受け、その後に結婚させられることになります。ラーレは結婚式の夜にヌルを連れてイスタンブールまで逃げようとします。

　この映画における男性の抑圧を体現しているのがエロルおじです。娘たちが処女でなくなったら困るといって抑圧し続けるくせに自分は性的虐待をするエロルは、家父長制の偽善を煮詰めたようなひどい男性です。一方で男性がみんな悪者であるわけではありません。ラーレに車の運転を教えてくれる長髪のトラック運転手ヤシンは、風変わりですが親切で、長髪であまりヒゲもたくさんはやしておらず、伝統的な男らしさからは離れたところがあります。この風来坊のようなヤシンが最後にラーレとヌルを助けてくれるのですが、ラーレとヤシンの関係があまりベタベタしておらず、ヤシンが全く大げさな感じなしにさらっと手伝ってくれるのもいいところです。

　女性や子どもに対する男性社会の虐待を辛辣に描いた作品ですが、それぞれのキャラクターの描き分けや綺麗な映像などは見応えがあります。終わり方はこれからラーレとヌルが自由に生きていけることを願いたくなるようなものです。それまでに比べると明るい光が差すような雰囲気になっていて、後味はいい作品です。

製作：2015年／97分／フランス・トルコ・ドイツ
監督：デニズ・ガムゼ・エルギュヴェン
出演：ギュネシ・シェンソイ、ドア・ドゥウシル、トゥーバ・スングルオウル、エリット・イシジャン、イライダ・アクドアン、ニハル・コルダシュ、アイベルク・ペキジャン

『裸足の季節』デジタル配信中／ブルーレイ・DVD発売中
Blu-ray: ¥5,170（税込）/ DVD: ¥4,180（税込）
発売元・販売元：ポニーキャニオン

『キャット・バルー』

復讐のため お嬢様がアウトローになる西部劇

西部劇というと、男性が撃ち合いするばかりで、女性やアメリカ先住民やラテン系住民に対して差別的だし……という印象を持っている人も多いと思います。そうでもない西部劇もありますが、昔のものを見ていると「ええっ？」と思うようなこともあると思います。『キャット・バルー』は、西部劇の性差別的なところがイヤだな……という人にぜひおすすめしたい西部劇です。

この映画はかなりふざけた始まり方をします。何しろ、コロンビア映画のロゴの女神がいつのまにか女ガンファイターのアニメに変わって、銃を撃ちまくるところから始まります。それから実写に変わり、やたらと歌がうまい2人組のバンドが出てきてこれから処刑される女賊キャットについての歌を歌うのですが、なんとこのミュージシャンのうち、片方は伝説的なジャズ歌手のナット・キング・コールです。コールはこの映画が公開された1965年に亡くなっているので、死の直前の勇姿と美声が拝める貴重な映像と言えます。映画のいろいろなところでこのデュオが出てきて狂言回しのような感じで歌ってくれます。全体的にコメディでもあり、音楽劇でもあるというような作品です。

女の子だって暴れたい！という時に見る映画です

そこからキャットのこれまでの暮らしが回想のような形で語られます。キャット・バルーことキャサリンは学校を卒業し、教養ある令嬢として父が待つ実家に帰ってきたのですが、父の牧場が悪党どもに狙われていることがわかります。キャサリンは仲間になってくれそうないわくつきの連中を集めて助けを求めますが、あえなく父は殺されてしまいます。腐敗のせいで父を殺した悪党が法の裁きを逃れたことを知ったキャサリンは復讐を誓い、キャット・バルーという名で、集めた仲間たちとアウトローとして生きることになります。キャットはさまざまな手段で悪党どもと戦い、とうとう父の敵を殺しますが、絞首刑に処されることになってしまいます。かつてのお嬢様らしい白いドレス姿に戻って処刑場に向かうキャットですが、土壇場で仲間たちが助けにきます。逃げ延びたキャットは恋人とも結ばれ、ハッピーエンドとなります。

ジェーン・フォンダがヒロインを演じており、レディらしいお嬢様から強い荒くれ女賊に変身するキャットを楽しそうに演じています。最後の処刑場の場面で仲間の策略に気づいたキャットがヘンな顔をするところなどではコメディエンヌぶりも発揮してくれます。飲むと腕が冴える酔っぱらいガンファイターであるシェリーンとその敵の二役を演じるリー・マーヴィンもすごいインパクトです。アメリカ先住民の役を先住民でない俳優が演じているところなどは時代を感じさせますが、魅力的なヒロインの活躍に笑いと音楽が彩りを添える『キャット・バルー』は今見てもとても楽しめる西部劇です。

製作：1965年／96分／アメリカ
監督：エリオット・シルバースタイン
出演：ジェーン・フォンダ、リー・マーヴィン、マイケル・カラン、トム・ナルディーニ

『キャット・バルー』デジタル配信中
発売・販売元：株式会社ソニー・ピクチャーズ エンタテインメント

『チャーリーズ・エンジェル』

女性のためのお笑いアクション

2000年の映画『チャーリーズ・エンジェル』はとにかくフザけた映画です。原作は1970年代のテレビドラマで、チャーリーという謎の男性に雇われた3人のエンジェル（天使）こと女性探偵が事件を解決する作品でした。メンバーは入れ替わりがあり、2000年版はキャメロン・ディアス演じるナタリー、ドルー・バリモア演じるディラン、ルーシー・リュー演じるアレックスがエンジェルをつとめます。

ドラマ版は、コミカルなところや変な事件はあってもそこまでぶっ飛んだ内容ではなかった……のですが、映画版は1990年代末に流行っていた『オースティン・パワーズ』シリーズなどのカラフルでおバカなギャグ満載スパイコメディの影響を受け、「あり得ないでしょ！」と思うような展開で笑わせるアクション映画です。冒頭の飛行機から飛び降りるアクションからして、あまりにも現実離れしています。エンジェルたちが敵をブチのめすところはまるでファンタジー映画です。007シリーズや『ミッション：インポッシブル』シリーズをはじめとしてさまざまな映画のパロディやオマージュもあります。ダンスや音楽もてんこ盛りです。全然、真面目に見

post card

恐れ入りますが、切手をお貼りください

810-0041

福岡市中央区大名2-8-18
天神パークビル501

書肆侃侃房 行

フリガナ
お名前　　　　　　　　　　　　　　男・女　年齢　　　歳

ご住所　〒

TEL(　　　)　　　　　　　　ご職業

e-mail：

※新刊・イベント情報などお届けすることがあります。 不要な場合は、チェックをお願いします→□
著者や翻訳者に連絡先をお伝えすることがあります。 不可の場合は、チェックをお願いします→□

□**注文申込書**　このはがきでご注文いただいた方は、**送料をサービス**させていただきます
※本の代金のお支払いは、本の到着後1週間以内にお願いします。

本のタイトル	冊
本のタイトル	冊
本のタイトル	冊

読者カード

本書のタイトル

購入された書店

本書をお知りになったきっかけ

ご感想や著者へのメッセージなどご自由にお書きください

※お客様の声をHPや広告などに匿名で掲載させていただくことがありますので、ご了承ください。

◀こちらから感想を送ることが可能です。

書肆侃侃房　http://www.kankanbou.com　info@kankanbou.com

る映画ではありません。

　エンジェルたちはとてもチャーミングです。変装を駆使……という名目で何度も何度も衣装を着替え、ドレスからカジュアルな服装まで、きらびやかな装いを披露してくれます。ヘルメットなどを脱いだりするところでは必ずスローモーションでわざとらしく髪を揺らすショットが入ります。全体的にわざと大げさに撮っていて笑えます。

　この映画の面白いところは、こういう描写がおそらく全部、当時の若い女性客向けに作られていたところです。エンジェルたちはみんなゴージャスでセクシーですが、男性の目を楽しませるというよりは、若い女の子がカッコいい、ああなりたいと憧れる対象として撮られています。エンジェルはちょっとオタクっぽくて不思議ちゃんのナタリー、ワルっぽいディラン、真面目で優等生風なのにたまに真顔で妙なジョークをかますアレックスと、それぞれ個性的です。ひとりひとりが輝かしいキャリアの持ち主で、女の子は何にでもなれるんだという理想を体現しています。全く性格が違いますが、女性同士、仲良く協力して事件を解決します。銃は卑怯なので使わず、頭と格闘スキルで戦います。今見るとちょっとジョークが古くなっているところはあると思いますが、男性客向けに作られることも多いアクション映画がこんなに女性向けにチューニングされるのは当時は珍しいことでした。

　2003年には、続編『チャーリーズ・エンジェル フルスロットル』も作られました。よりアクションがパワーアップしてバカバカしくなっています。これも前作同様、女性客が頭を空っぽにして笑って楽しめるアクション映画です。

製作：2000年／98分／アメリカ
監督：McG
出演：キャメロン・ディアス、ドリュー・バリモア、ルーシー・リュー

『チャーリーズ・エンジェル』デジタル配信中
発売・販売元：株式会社ソニー・ピクチャーズ エンタテインメント

『奇跡の2000マイル』
砂漠の冒険

『奇跡の2000マイル』は、1977年にオーストラリアの砂漠を横断した冒険家ロビン・デヴィッドソンの旅の記録を脚色した映画です。動物と一緒に冒険するロビンをミア・ワシコウスカが生き生きと演じます。

ヒロインのロビンは自立心旺盛である一方、かなりの不思議ちゃんで風来坊です。砂漠の中にある町アリススプリングスに犬のディギティと共に現れ、働きながらお金を作ってラクダを手に入れ、砂漠横断をしようとします。これまでロビンは探検をした経験はないのですが、堅い意志を持っており、キャンプをしたり、廃屋みたいなところに住んだりしながらラクダの扱いを学び、ナショナルジオグラフィックの後援を得て横断の旅にのぞみます。みんなからは無謀と言われますが、あきらめません。

基本的にはひとり旅の映画なのですが、けっこう人間関係はきちんと描かれています。70年代オーストラリアの人種差別が描かれる一方、ロビンの案内役を聖地周辺でつとめるアボリジニのご老人エディなど、ロビンを導く人は非白人だったりします。70年代の記録の映画化ということもあって少しステレオタイプ的なところもありますが、人間味のある人として描かれています。ロビンを担当するナショナルジオグラフィックから依頼を受けた写真家のリックはいい人なのですがちょっとウザいところがあり、勝手にアボリジニの儀式の写真を撮ったせいでロビンの立場を悪くしてしまうというトラブルを起こします。それでも本気でロビンのことを案じていろいろしてくれるため、ついロビンはほだされてしまいます。このふたりの交流があまりベタベタせずにさらりと描かれています。

この映画の一番の魅力はヒロインを演じるミア・ワシコウスカです。絶妙に浮き世離れした感じなのですが、自分の力で生きていく力だけはふんだんにある……というこのヒロインの独特な雰囲気はワシコウスカにしか出せないものだと思います。寡黙でそんなに他人と馴れ合わない女性なのですが、とにかく心が強く、そのおかげで大冒険を成し遂げることができます。

この映画のもうひとつの大きなポイントは、動物たちの芸達者ぶりです。旅のお供をする四頭のラクダたちも名演なのですが、ロビンの愛犬ディギティはとても表情豊かでかわいらしく、ロビンとの強い絆がうまく表現されています。犬を飼ったことがある人ならきっとにやりとしてしまうでしょう。ところが、ちょっと見ていてびっくりするような悲惨な運命がディギティを待ち構えています。全体的には元気の出る映画ですが、ここについては見る前に覚悟しておいたほうがいいかもしれません。

製作：2013年／112分／オーストラリア
監督：ジョン・カラン
出演：ミア・ワシコウスカ、アダム・ドライバー、ローリー・ミンツマ

『キャプテン・マーベル』
私たちは皆自由に生まれるのに、それを忘れる

『キャプテン・マーベル』は、マーベル・シネマティック・ユニバース（MCU）初の、女性スーパーヒーローがひとりでタイトルロールを担う映画です。スーパーヒーローフランチャイズブームを牽引していたMCUは女性ヒーローキャラクターについてはライバルであるDCエクステンデッド・ユニバースに遅れをとっていた状態でしたが、この映画で初めて、映画館に来る女の子が親しみを持って見られそうな女性のスーパーヒーローが主役をつとめました。タイトルロールのキャプテン・マーベルはこの映画で初登場なので、これまでのMCU映画を見ていなくてもわかると思います。

ヒロインは記憶喪失になった女性ヴァースです。ヴァースは地球の住人ではなく、クリー帝国のハラという星で特殊部隊員として訓練を受けていたのですが、最初の大きなミッションで失敗し、1990年代の地球に墜落してしまいます。地球のエージェントであるニック・フューリーに追われることになりますが、結局味方になってふたりで調査をするうち、ヴァースは自分が地球にいたことがあるのを思い出し、かつての自分を取り戻していきます。

この映画の一番大事なポイントは、人は皆自由に生まれるもので、誰でも自由になる権利があるのに、ちょっとしたきっかけでそれを忘れてしまう……ということです。あまりネタバレはしないようにしますが、中盤くらいから、記憶喪失になったヴァースのスーパーパワーをクリー帝国の特殊部隊が悪用しようとしていたことがわかってきます。ヴァースは自分の意志で特殊部隊員として訓練を受け、一生懸命生きているつもりだったのですが、実は知らないうちに搾取されていたのです。それを知ったヴァースはキャロル・ダンヴァースという元の名前と記憶を取り戻し、敵だと思っていた人々の自由のため戦います。自らの力を努力で解き放ち、我が道を行くことを決意するキャプテン・マーベルことキャロルは、自分の力で自由を取り戻したと言えます。

これはスーパーヒーローの現実離れしたお話みたいに見えますが、実は世界のどこでも起こっていることです。私たちは本当は皆、生まれながらに自由であるはずなのですが、成長するにつれて社会の規範を内面化してしまい、自由であったことを忘れてしまいます。でも、この忘れてしまった自由はいつでも取り戻すことができるし、自由になるのを恐れてはいけない、というのがこの作品のメッセージだと思います。キャロルは名前と記憶を取り戻し、それによって自由になりました。この映画は、抑圧をはねのけて自由になることの素晴らしさをユーモアとアクションをまじえて描いた作品です

製作：2019年／124分／アメリカ
監督：アンナ・ボーデン、ライアン・フレック
出演：ブリー・ラーソン、サミュエル・L・ジャクソン、ベン・メンデルソーン、ラシャーナ・リンチ

055

アクションと冒険

『ハーレイ・クインの華麗なる覚醒 BIRDS OF PREY』

私はバカじゃない

突然ですが、私は英文学の博士号（PhD）を持っています。そんな私がものすごく共感したのが、『ハーレイ・クインの華麗なる覚醒 BIRDS OF PREY』に出てくる「あたしのことバカって呼んだわけ？ あたしPhD持ってんだよ、ボケナス！」というセリフでした。仕事で試写室で見ていたのですが、思わず拍手しそうになりました。

ヒロインであるハーレイ・クインは腕利きかつ札付きの犯罪者で、バットマンの敵ジョーカーのガールフレンド……でしたが、この映画では冒頭で既に別れているので、ふたりの恋の話ではありません。失恋したハーレイがクラブに行ったところ、そばにいた男性客にバカ呼ばわりされます。その男の脚をブチ折った後に心の中でハーレイが言うのがこのセリフです。

別に博士号を持っているから頭がいいとか偉いとかいうわけではないのですが、少なくとも何らかの分野に関して一生懸命勉強し、専門的な知識を持っているのは確実です。博士に限らず、料理人とか宮大工とか、何らかの分野で専門知識や技術を持っている人はそれ相応の敬意を払ってもらえるはずだ……と思うのですが、どういうわけだか私は博士なのによくバカだと思われます。たぶん私が本当にバカだからではありません。おそらくは私がキンキン声でしゃべる小柄な女性で、少なくともこの映画を見たときはまだ若手研究者で、ヒラヒラした赤とかピンクの服を着ていたからです。

『キューティ・ブロンド』の章でもお話ししましたが、現実世界で賢いと思われているのは、だいたい健康で、低い声で、スーツなんかのかっちりした服を着た男性です。若いよりは多少年をとっているほうがよく、多数派の民族に属しているとなお尊敬してもらえます。こういう基準にあてはまらない人は冴えていてもなかなか賢いと思ってもらえません。多少鋭いことを言うと、かえってこいつはおかしいんじゃないかとか、うるさいとか思われて敬遠されます。ハーレイみたいに金髪をツインテールにしてド派手で騒ぐのが好きな若い女性は、どんなに冴えていようと、専門的知識を持っていようと、見た目だけでバカだと思われます。

私も今まで、ハーレイみたいに自分のことをバカ扱いした相手の脚をブチ折ってやりたいと思ったことが何度もありました（もちろん実際にはやりません）。たとえ博士号を持っていたり、腕利きの犯罪者だったり、料理人や宮大工だったりはしなかったとしても、皆さんもハーレイみたいに見た目だけでバカだと思われることがあるかもしれません。この映画は一見メチャクチャで共感できなそうな暴力ヒロインのハーレイを通して、こういう女性のあるあるを全部明快にはね返していく映画です。失恋もバカ呼ばわりも、人生のいろんなつらいことをブチ折って乗り越えていけるんだ……という希望をくれる作品なのです。

製作：2020年／109分／アメリカ
監督：キャシー・ヤン
出演：マーゴット・ロビー、ユアン・マクレガー、ジャーニー・スモレット=ベル、ロージー・ペレス、メアリー・エリザベス・ウィンステッド、エラ・ジェイ・バスコ

056

ホラー、ファンタジー、SF

エイリアン
SFホラーの記念碑的ヒロイン

「ファイナルガール」とか「スクリームクイーン」という言葉をご存じでしょうか？　ホラー映画で殺人鬼やモンスターなどに最後まで狙われて生き残るヒロインを「ファイナルガール」、ホラー映画で悲鳴を上げて逃げる女性の役柄を演じる女優を「スクリームクイーン」と言います。ファイナルガールやスクリームクイーンは叫んでばかりで自分で戦ったりせず、可愛いだけであまり役に立たない女の子……みたいなイメージが強かったのですが、1970年代以降のホラー映画に出てくるスクリームクイーンはだんだんしっかりした強い女性キャラクターになっていきました。そんな中、ちょっとひねった形でファイナルガールやスクリームクイーン像を刷新した画期的なヒロインが『エイリアン』シリーズでシガニー・ウィーバーが演じるエレン・リプリーです。この本ではシリーズものはできるだけ避けるようにしているのですが、この映画はどうしても外せません。

『エイリアン』は1979年に始まった映画フランチャイズです。リプリーがヒロインのメインシリーズは毎回監督が変わり、かなりテイストの違う作品になっているのが特徴です。1作目の

ホラー、ファンタジー、SF

ジャンル映画はちょっと近寄りがたい
と思う人もいるかもしれませんが
こうしたジャンルで入りやすい映画を紹介します

リドリー・スコット監督による『エイリアン』は宇宙船内を舞台にしたホラーで、突然襲ってくるエイリアンに乗組員が殺されていくという展開です。古典的なホラーやモンスターパニック映画の設定を宇宙に移し替え、ビジュアル的にも面白い作品に仕立てていますが、ポイントはヒロインのリプリーが大変落ち着いていて強いところです。襲ってくるエイリアンの脅威に対しても、もちろん怖れは感じているのですが叫んだり暴れたりせずに冷静な判断力で対応しています。自立した大人の働く女性で、男性の助けを待つ可憐な乙女ではありません。リプリーはホラー映画の中でも最もしっかりしたかっこいいヒロインで、おきまりのファイナルガールやスクリームクイーン像から大きくかけ離れた女性キャラクターでした。

1986年の『エイリアン2』はジェームズ・キャメロンが監督しました。アクションSFが得意なキャメロンに監督が替わったことにより、リプリーはエイリアンとの壮絶な戦いを続けながら小さな少女ニュートを守る、心優しくかつ強いアクションヒロインになりました。この映画ではリプリー以外にも狙撃手のバスケスなど女性キャラクターが活躍します。

1980年代のハリウッドでは、ランボーや『ダイ・ハード』シリーズのジョン・マクレーンのような男性アクションヒーローが花盛りでした。エレン・リプリーはこの時期で唯一、誰もが知っているアクションアイコンとして有名になった女性キャラクターです。この後も宗教映画風な『エイリアン3』やファンタジー風な『エイリアン4』が作られ、リプリーは作品のテイスト変更にあわせて成長しながら活躍を続けました。

制作：1979年／115分／アメリカ
監督：リドリー・スコット
出演：シガーニー・ウィーバー、トム・スケリット、ベロニカ・カートライト、ハリー・ディーン・スタントン

057

ホラー、ファンタジー、SF

『コピーキャット』

プロフェッショナル女性ふたりが殺人犯と戦うスリラー

『コピーキャット』は、シガニー・ウィーバー演じる犯罪心理学者ヘレン・ハドソン博士とホリー・ハンター演じる捜査官MJがヒロインをつとめるサイコスリラーです。ヘレンは自分に執着する殺人鬼に襲撃されて以来、ひどい広場恐怖症に悩まされて外に出られなくなり、人との接触はほとんどインターネットを介して行っています。そんなヘレンに、サンフランシスコで起こる殺人事件の解決を目指すMJが協力を依頼します。

1990年代に流行っていた、連続殺人鬼が出てくるサイコスリラーやスラッシャーホラーに初期のインターネット文化などを絡めた作品です。犯罪捜査のバディものというとふたりとも男性が多かった時代ですが、この映画は女性同士がチームを組むということで、当時としては新しい作品でした。長身のウィーバーが殺人鬼に狙われて家にひきこもっているヒロイン、アメリカ人女性にしては小柄なハンターが行動的な捜査官ということで、見た目も性格もでこぼこしたコンビなのですが、このふたりが犯罪と戦うというプロフェッショナルな目的のために協力します。一応男性の捜査官も出てくるのですが、最後に助けにきてくれるわけではなく、女性同士がボロボロになりながらも助け合って殺人鬼を倒します。

この作品の特徴は、出てくる女性ふたりの関係があまりベタベタしておらず、「女同士わかりあえるよね」みたいな単純な連帯になっていないところです。ヘレンとＭＪの関係は始終ドライで、プロ同士お互いの能力や信念を認めているから連帯する……というふうに、職業人としての敬意にもとづいています。両者ともいろいろなこだわりがあり、とくにヘレンはトラウマに悩まされていることもあってけっこう気難しいのですが、それでも互いの違いを認識しあいながら信頼を培っていきます。ヘレンの能力を疑う同僚に対してＭＪがそれを擁護し、こっそり情報をヘレンに伝えるところは、男社会で女性の能力が低く評価されがちな状況と、その中で女性同士が互いを気遣い、冷静に協力する必要をさりげなく訴えています。今だと女性同士のバディものはけっこう見られるようになりましたが、こうしたプロとしての距離感があるバディものはあまり多くなく、ここは今見ても新鮮だと思います。

１９９０年代の映画なので、気になるところもあると思います。当時のトレンドに沿っていてけっこう描写が残忍なので、女性に対する暴力を間接的に表現するようになった今の映画と比べるとちょっとビックリする人もいるかもしれません。また、ヘレンのゲイの親友がジェフリー・ダーマーを真似たやり方で殺されてしまうところは、同性愛者の男性をかわいそうな犠牲者としてだけ描いていて物足りないところがあります。それでも女優ふたりの息の合った演技を見る価値はあります。

制作：1995年／123分／アメリカ
監督：ジョン・アミエル
出演：シガニー・ウィーバー、ホリー・ハンター、ハリー・コニック・ジュニア、ジョン・ロスマン

『タンク・ガール』

戦車を乗り回す女性のハチャメチャな活躍を描くSFコメディ

『タンク・ガール』はそのものずばり、タンクこと戦車を乗り回すヒロインの活躍を描いたSFコメディです。イギリスの同名コミックの映画化で、公開時には酷評されました。実写にコミックを織り込んだ独特の作りにクセがある他、フェミニズム的な物語のせいで1990年代半ばの男性中心的な映画界ではウケなかったと思われます。今では再評価されてカルト映画になっています。

舞台は2033年のオーストラリアで、彗星が地球を直撃して以来まともな雨が降っておらず、水が稀少資源となっています。水や電力は水・電力公社が支配しています。ヒロインのレベッカは自立した小さなコミュニティで暮らしていましたが、水・電力公社の襲撃を受け、つかまって強制労働させられることになってしまいます。レベッカは職場でセクハラに悩んでいるメカニックのジェット・ガールと知り合い、戦車を盗んで脱出します。レベッカとジェット・ガールは仲間のひとりだった少女サムを救出しようとしますがなかなかうまくいきません。レベッカたちは周りから危険視されている強化人間の一団であるリッパーと組み、サムを誘拐した水・電力公社に戦いを挑みます。

お話はすごく緩いのですが、レベッカのとにかくあらゆることを真面目に受け取らない態度がステキです。救出作戦に出向いた先で歌のショーをやったり、戦闘中にごはんを食べようとしたり、とにかく行動がハチャメチャです。いい男に目がなく、お色気を使って敵を騙すのが得意で、下ネタジョークも好きです。真面目なジェット・ガールはついていけなくなりそうなくらいぶっ飛んでいるのですが、それでも一本筋が通ったところはある性格です。セックスは大好きで自分の性欲に正直だし、オシャレでセクシーな服装をしていますが、セクハラや性的虐待は許しません。独占企業である水・電力公社の抑圧に対しては徹底的に戦いますし、子どもに対しては大人が保護をしなければならないという責任感があります。

この映画はメチャクチャでツッコミどころだらけのコメディではありますが、とても生き生きした独立独歩のヒロインが正反対の性格の女友達と連帯して小さな女の子を助け、外れ者扱いされている人たちを味方につけて、独占的な権力をふるっている企業と戦うということで、フェミニズム的かつ痛快な作品です。グランジロッカーであるコートニー・ラヴが音楽面のアドバイザーをつとめており、ビョークの曲などをふんだんに使ったサウンドトラックもカッコいいです。その後に『チャーリーズ・エンジェル』映画版や『ハーレイ・クインの華麗なる覚醒 BIRDS OF PREY』、またずっと真面目な映画ですが『マッドマックス 怒りのデス・ロード』など、『タンク・ガール』に雰囲気が似た女性映画がたくさん作られたことを考えると、時代に先んじた早すぎた映画だったのかもしれません。

製作：1995年／104分／アメリカ
監督：レイチェル・タラレイ
出演：ロリ・ペティ、ナオミ・ワッツ、ステイシー・リン・ラムソワ

059

ホラー、ファンタジー、SF

『パンズ・ラビリンス』プリンセスになるとはどういうことか

『パンズ・ラビリンス』の舞台は1944年、フランコ政権下のスペインで、ヒロインは10歳くらいの少女オフェリアです。フランコ政権はファシスト体制で非常に抑圧的でした。オフェリアの母カルメンは妊娠中で体の具合が良くなく、継父のビダルはファシストの軍人で継娘に冷淡です。親にかまってもらえないオフェリアはだんだん幻想の世界にのみ込まれていきます。

タイトルに入っている「パン」というのは古代ギリシア神話に出てくるヤギのような姿の牧神で、「ラビリンス」は迷宮のことです。オフェリアは迷宮でパンから、本来は自分は地底の国のプリンセスなのだと聞かされます。オフェリアはパンから地底に帰るための試練を与えられ、恐ろしい冒険に耐えることになります。

この作品はホラー風味のダークファンタジーで、オフェリアの冒険の過程では次々とシュールな悪夢のようなイメージが現れますが、実はこうした試練は密接に現実に結びついています。オフェリアが生きている現実のスペインは拷問や密告が支配する体制で、継父ビダルはその中で不正や暴力にどっぷりつかった暮らしをしています。ビダルは権威主義的で性差別的な男性で、血のつながっていないオフェリアはもちろん、妊娠中の妻のことすらたいして気にかけていません。オフェリアが冒険で出会う恐ろしい生き物たちはオフェリア自身が現実で感じている抑圧の象徴であり、さらに言えば戦って生きのびられるだけまだファシズムより希望があるとさえ言えるかもしれません。

オフェリアが地底の国こそ自分が本当にいるべき場所だと思い、自分はプリンセスなのだと考えるのは子どもらしい現実逃避に見えるかもしれませんが、実際は生きるための精一杯の心のよりどころです。オフェリアが体験するファンタジーの世界の冒険は現実と戦うためのある種の武器となります。残虐な継父が支配するファシズム的な体制は感受性が豊かな子どもにとってまともに生きられる場所ではなく、オフェリアの心の中にはおそらく自分のいるべきところはこんなところじゃない、もっとまともな暮らしをしていいはずだ……という気持ちがあります。これはわがままでもなんでもなく、人間として当たり前の感情です。周りの大人であるメルセデスはこうした気持ちからファシストに対する抵抗運動に参加し、小さな子どもであるオフェリアは自分はプリンセスなのだという夢を見ます。

自分はこんなところでバカにされて虐げられているべき人間ではない、どんな人間もそんな目にあうべきではない……という気持ちは多くの抵抗運動の礎になってきました。そうした点では、オフェリアは小さな子どもなりのやり方でファシズムや性差別に対する抵抗運動をしていると言えるかもしれません。この作品は悲しい終わり方をしますが、オフェリアの抵抗が無駄になったわけではないのです。

制作：2006年／119分／スペイン・メキシコ
監督：ギレルモ・デル・トロ
主演：イバナ・バケロ、セルジ・ロペス、マリベル・ベルドゥ、ダグ・ジョーンズ、アリアドナ・ヒル

060

クィア

『オルランド』

男性から女性になるオルランドの数奇な生涯

サリー・ポッター監督の映画『オルランド』は、ヴァージニア・ウルフによる1928年の同名小説の映画化です。この小説は、最初は男性でしたが女性になり、何世紀も生きているオルランドの人生を描いたファンタジーです。ウルフの恋人ヴィタ・サックヴィル＝ウェストの人生とその一家の歴史をヒントに書かれたと言われており、現実離れした話でありながらも、ウルフや周りの人たちにとっては史実に即した個人的な側面もある作品だったと考えられます。映画版は中性的な雰囲気を持つティルダ・スウィントンを主役に迎え、ウルフが描いたよりも長く、映画製作時点の現在である1990年代初めまでのオルランドの人生を見せています。

主人公のオルランドは、まずエリザベス朝時代の美少年として登場します。オルランドは年老いたエリザベス1世から、老いて美しさを失ってはいけないと命じられます。オルランドはこの女王の願いどおり、永遠の若さと美貌を保ったまま、文学について野心を抱いたり、美女に失恋したり、大使としてトルコに赴いたりします。トルコで戦いに巻き込まれたオルランドは7日間眠り続け、目覚めた時は女性になっていました。オルランドはレディ・オルランドとしてイング

クィア

クィアという言葉は性的マイノリティを指す言葉として使われることが多いですが、研究や批評の文脈では性や生殖などに広く関連することでいわゆる「フツー」とされているものからなんとなく逸脱しているもの、「違うな」というものを指します

ランドのお屋敷に帰りますが、今度は性別を理由とした不動産訴訟に巻き込まれたり、好きでもない求婚者につきまとわれたり、恋に落ちたり、娘を生んだりします。

オルランドがどうしていつまでも若さと美貌を失わないのかとか、なぜ眠りの後に突然男性から女性になったのかとか、こうした不思議な出来事の理由は全然示されません。それがこの映画がファンタジーであるゆえんで、奇想天外なことが次々と起こるのに、語り口が面白いのでお客さんはなんとなく受け入れてしまう……というような展開になっています。女性になってからのオルランドが、能力や性格は同じなのに周りからの扱いや法的地位が変わってしまったことに気づく様子がユーモアをまじえて描かれ、社会がいかに性差別的で非論理的であるかを諷刺しています。男性だった時はややミソジニー的な言動も示していたオルランドが、女性になってから自分が男性だった時のいわゆる「特権」について反省して女性としての幸せな人生を追求しようとするところは、社会諷刺と人間賛歌がちょうどいいバランスで混ざり合っていると思います。

時間もジェンダーも超越し、苦難を乗り越え人生を謳歌するオルランドはとてもクィアな存在です。人生の大部分をゲイの男性として生き、現代的な言い方ではトランスジェンダー女性だったと思われるクエンティン・クリスプがエリザベス1世を演じ、ゲイのスター歌手ジミー・ソマヴィルが登場して歌も披露するなど、クィア文化の有名人も出演しています。ティルダ・スウィントンの優美さや豪華な衣装、凝ったヴィジュアルなども見ものです。

製作：1992年／94分／イギリス・ロシア・イタリア・フランス・オランダ
監督：サリー・ポッター
出演：ティルダ・スウィントン、クェンティン・クリスプ、ジミー・ソマヴィル

061

クィア

『恋のミニスカウエポン』

ハチャメチャなアクションロマンスコメディ映画

『恋のミニスカウエポン』は、この本でとりあげる映画の中でも一番ふざけた映画だと思います。とにかく話が緩くてメチャクチャです。軽い気持ちで見ればとても楽しい映画だと思うのですが、心に残る真面目な映画が見たい時にはオススメできないので、見る時を選びましょう。

アメリカには高校生が大学進学のために受けるＳＡＴという共通テストみたいなものがあるのですが、『恋のミニスカウエポン』では、この試験に実はスパイとしての適性をはかる仕掛けが隠されていることになっています。この試験で適性があると見なされた女子高生は、秘密機関D.E.B.S.から声かけされてエージェントとしての訓練を受けることになります。D.E.B.S.にリクルートされたマックス、ジャネット、ドミニク、エイミーは、オーストラリアを沈没させようとしたこともあるという悪名高き犯罪者ルーシーを見張ることになります。ルーシーがロシアの暗殺者ニノチカと接触するという噂を聞きつけた4人ですが、実はこれは犯罪の企みではなくただのデートでした。このデートはうまくいかないのですが、いろいろあってルーシーとエイミーが恋に落ちてしまいます。犯罪者とスパイ、敵同士の恋はなかなかうまくいきません。

……と、あらすじを書いているだけで実にメチャクチャな作品のように見えますが、実際に非常にふざけた作品です。お話の整合性とか辻褄とかを考えながら見ると前に進まなくなってしまうので、理性は停止して鑑賞しましょう。スパイ映画のいろいろな定型をおちょくっており、わざとらしいアクションもたくさんあります。明らかに『チャーリーズ・エンジェル』の影響を受けていますが、より不真面目です。D.E.B.S.の4人が女子高生姿でミッションに出かけ、レストランの天井からぶら下がってルーシーのデートを監視する場面は真面目に撮っているとは思えないふざけぶり……ですが、とても気持ちよく笑えます。

一方でルーシーとエイミーのレズビアンロマンスは、おちょくりなどはほとんどない、直球のロマンティックコメディです。若いふたりの前途多難な恋を温かく描いており、最後はちゃんと（強引に）ハッピーエンドになります。いまだに気軽に見られる楽しいレズビアンのロマンティックコメディは少ないことを考えると、アクション映画のパロディに、ちゃんとしたハッピーエンドのロマンティックコメディを組み込んだ『恋のミニスカウエポン』は、見た目はバカバカしいですが２００４年の映画としては革新的だったことがわかります。

この映画は公開時はさんざんな言われようでしたが、今ではクィアなカルト映画として人気を博しています。たぶんこういう映画が好きな友達何人かとワイワイ盛り上がりながら見るのがいいと思います。気持ちよく笑いたい時にオススメです。

製作：2005年／92分／アメリカ
監督：アンジェラ・ロビンソン
出演：ミーガン・グッド、ジル・リッチー、デヴォン青木、サラ・フォスター、ジョーダナ・ブリュースター

『恋のミニスカウエポン』デジタル配信中
発売・販売元：株式会社ソニー・ピクチャーズ エンタテインメント

062

クィア

『イーダ』
ホロコーストの傷跡とアセクシュアル女性の生き方

周りの人はデートや恋愛の話をしているけれども、自分は全然興味がない……という人はいませんか？　女の子は男の子と、男の子は女の子と恋愛してセックスするのが当たり前だというような考え方を世の中は押しつけてくるので、それに興味がない人は変人扱いされることがあるかもしれません。しかしながらそういう人は確実にいます。恋愛感情を他人に抱かない人はアロマンティック、性的魅力を他人に感じない人はアセクシュアルと呼ばれています。

こういう人がはっきり出てくる作品というのはあまり多くありません。しかしながら1960年代のポーランドを舞台にホロコーストの傷跡を描く『イーダ』はおそらくヒロインがアセクシュアルです。この作品は若い女性の人生の決断を美しいモノクロ映像で描いています。

ヒロインである十代のアンナはカトリックの修道女になるつもりですが、最終的な誓いを立てる前におばのヴァンダに会うことになります。アンナはヴァンダから、実はアンナはユダヤ人で本名はイーダであり、両親は第二次世界大戦中に殺害されたと聞かされます。イーダは修道女になる前に世間を知るようおばに促され、また自分の家族が死んだ場所を訪問して殺害の真相についても知ることになります。イーダは一度修道院に戻りますが、なかなか誓いを立てる決意ができません。ヴァンダは憂鬱に苛まれて自殺してしまいます。

イーダの性的指向について、ここからとても興味深い展開があります。イーダはワンダを弔った後、以前知り合ったミュージシャンの若者リスと再会してセックスします。リスはイーダに結婚を申し込み、よくある幸せな家庭を築こうと提案します。しかしながらイーダは修道服に戻り、誓いについての迷いを捨てて、おそらくは修道女として生きる決意をします。

この映画の面白いところは、セックスや恋愛、家庭があらゆる人にとって一番いい答えではない……ということを結末でさらっと描いているところです。一度世間を知ったイーダは修道女になるのにためらいがあり、その過程でリスとのセックスを試してみましたが、そこで自分はセックスに興味がなく、修道女として生涯独身で信仰に生きるほうが向いていることに気づきました。この映画に「アセクシュアル」とか「アロマンティック」という言葉は出てきませんが、イーダは現代ならそうした言葉を自分自身に使っていたかもしれません。

皆さんも人生でイーダのような人に出会うことがあると思いますが、おかしいとは思わないでください。アセクシュアルやアロマンティックの人がとくに冷たい性格だとか他人に興味がないというようなことはありません。そして自分がデートや恋愛にあまり興味がなくてちょっと変なのかも……と思っている人もぜひこの映画を見てみてください。イーダはあなたの仲間です。

Ida/Anna (Agata Trzebuchowska) in IDA. Courtesy of Music box Films

製作：2013年／80分／ポーランド・デンマーク合作
監督：パヴェウ・アレクサンデル・パヴリコフスキ
出演：アガタ・チュシェブホフスカ、アガタ・クレシャ、ダヴィット・オグロドニック

『ナチュラルウーマン』

サンティアゴのトランスジェンダー女性の愛と暮らし

『ナチュラルウーマン』の舞台はチリのサンティアゴです。ヒロインのマリーナはかなり年上の恋人オルランドと一緒に暮らしていましたが、ある日突然オルランドが急逝してしまいます。マリーナはトランスジェンダー女性である自分を全く認めないオルランドの家族に自宅から追い出され、脅されるなどひどい目にあいます。

中南米の映画はアメリカ映画に比べて触れる機会が少ないと思うのですが、この作品はサンティアゴに住んでいるトランスジェンダー女性の暮らしぶりをリアルに、かつ美しい映像で描いた作品です。マリーナを演じるダニエラ・ベガはトランスジェンダーの女優で、素晴らしい演技を披露しており、マリーナは生き生きした奥行きのある生身の女性として描かれています。

この映画はとことんリアルに作られています。マリーナがトランスジェンダー女性であるために受ける差別と、貧しい女性が結婚せずに男性と暮らしている場合に一般的に起こりそうな問題の両方があわさってマリーナに降りかかり、困難がどんどん増えていく様子がこれでもかというほど描かれます。オルランドの家族がマリーナに対して行う脅し、いじめ、暴力はひどいもので、マリーナが車で連れ去られる場面は非常にショッキングです。その後のマリーナの無念と苦痛に満ちた振る舞いも見ていて苦しくなるくらい切実に表現されています。また、マリーナが暴力を振るわれていたのではないかとか、トランスジェンダーだから精神も生活も不安定なのではないかとか、一見気にかけているフリをしながら偏見をあらわにして家庭の事情をかぎ回る警察の対応の不愉快さもリアルです。チリはカトリックの影響が強い保守的な地域なのでその影響もあるでしょうが、マリーナが経験する苦労は場合によっては日本でも起こりそうなことに見えます。

急逝したオルランドとマリーナの間の愛があまり理想化されていないのもリアルなところだと思います。この映画を見ていると、オルランドはおそらく優しい人でマリーナを心から愛していたのでしょうが、自分の死後に家族が内縁のパートナーをどう扱うかということはあまり予測しておらず、何の準備もしていなかったらしいことがわかります。ビジネスで成功していたとはいえ、人間関係のことには疎い人だったのではないかな……と思われるところがあり、素晴らしい恋人が必ずしもしっかりした家族のメンバーではないということが示唆されています。

苦労ばかりのマリーナの生活に輝きと張り合いを与えてくれるものとして、この映画では音楽が大きな役割を果たします。マリーナは歌を本格的に習っており、音楽をやること、音楽の先生とかかわることを通じて生きるための力を見つけます。ヘンデルのオペラである『セルセ』のアリア「オンブラ・マイ・フ」が効果的に使われており、最後にこの曲を歌うマリーナの姿は実に堂々としています。

製作：2017年／104分／チリ・アメリカ・ドイツ・スペイン
監督：セバスティアン・レリオ
出演：ダニエラ・ヴェガ、フランシスコ・レジェス、ルイス・ニェッコ、アリン・クーペンヘイム、ニコラ・サヴェドラ

『ナチュラルウーマン』発売：ニューセレクト　販売：アルバトロス

064

クィア

『サタデーナイト・チャーチ ――夢を歌う場所』
クィアな若者たちを支援するために

『サタデーナイト・チャーチ ――夢を歌う場所』の主人公である黒人の若者ユリシーズは父親を亡くしたばかりで、自分のジェンダーやセクシュアリティに関しても違和感があり、学校の男の子カルチャーにうまくなじめずにいじめられています。母のアマラはあまり理解がなく、おばのローズはさらに保守的でトランスジェンダーやゲイに対する偏見が強いので、悩んでいるユリシーズは家族の大人に助けを求めることができません。そんなユリシーズはある日、性的マイノリティの若者たちを支援する教会の活動であるサタデー・チャーチを知り、そこで自分以外の性的マイノリティの若者たちと知り合うことができるようになります。

この映画は実際にニューヨークの聖ルカ教会が行っている性的マイノリティの若者を支援するプログラムを参考に作られています。キリスト教の教会は保守的でゲイやトランスジェンダーに差別的なのでは？　と思う人もいるかもしれませんが、宗派や教会の立地によってはかなり先進的な考えで運営されているところもあります。聖ルカ教会は立地がゲイタウンに近いため、地元の性的マイノリティのコミュニティに対する奉仕活動を行っています。

ユリシーズが置かれている環境はとても厳しいものです。家出したユリシーズがお金に困って、やりたくないのに売春しなければならなくなるというようなリアルでつらい展開もあります。性的マイノリティの若者が家族に認めてもらえず、ホームレスになったり、お金に困って不本意ながらセックスワークに追い込まれたりするという状況はしばしば起こることで、この映画でもよくあることとして描写されています。若者には安心して住める家や教育、頼れる大人が必要ですが、性的マイノリティの若者はそうしたものが得られなくなってしまうことがあり、だからこそこの教会のような支援活動が必要なのです。

ユリシーズの名前はおそらくギリシア神話の旅する英雄からとられており、その名のとおりつらい人生の旅を経験します。しかしながらユーモアの要素やファンタジー的なミュージカルの場面などもあり、一応は母の理解も得られ、ドラァグクイーンとしてボール（ゲイカルチャーの一部として存在するダンスパーティーのようなイベントの一種）でデビューして、明るい雰囲気で終わります。ユリシーズは、自分はヘテロセクシュアルかつシスジェンダーの男性でないことはおそらく認識していますが、それ以上についてはアイデンティティを探っているクエスチョニングの状態です。この映画はそのまま終わりますが、そこも良いと思います。若者には人生やアイデンティティについて迷う時間がたっぷりあるべきですし、セクシュアリティやジェンダーに関することは短時間ですっきり切り分けられるものでは必ずしもありません。

製作：2017年／82分／アメリカ
監督：デイモン・カーダシス
出演：ルカ・カイン、マーゴット・ビンガム、レジーナ・テイラー、MJ・ロドリゲス

『サタデーナイト・チャーチ　夢を歌う場所』発売中
DVD：4,290円（税込）
発売元：キノフィルムズ／木下グループ
販売元：ハピネット・メディアマーケティング

065

クィア

『ガール・ピクチャー』

ちょっとしたことで大きく動く人生の可能性

アッリ・ハーパサロ監督の『ガール・ピクチャー』は、フィンランドの若い女の子3人の暮らしを描いた青春映画です。ミンミとロンコは同じスムージー店でアルバイトをしている仲の良い友達同士です。ロンコはどうも男の子と一緒に過ごしてもドキドキや快感がなく、同世代の他の女の子と自分は違いすぎる……と思い、性的快感を求めていろいろ冒険してみることにします。一方でミンミはフィギュアスケート選手のエマと出会い、恋に落ちますが、エマはアスリートとしてのプレッシャーに苦しんでいました。今までスケートだけに打ち込んできたエマとミンミの恋はなかなか簡単にはすすみません。

金曜日が3回めぐってくるだけの短い期間を描いているのですが、その間にミンミ、エマ、ロンコの人生にいろいろなことが起こり、大きく人生が動きます。18歳に近づいている年頃の3人は少しずつ大人になろうとしており、この映画はその成長過程を優しく描きます。ヒロインたちの冒険は決して楽しくて美しいばかりではなく、とても不格好で見ていて決まりが悪くなりそうなところもありますが、温かい目でとらえられています。浮き沈みもありつつ、わくわくするようなロマンスとセックスをめぐる冒険を明るく描いており、クィアな要素が当たり前のようにあるところや、女の子の性欲を真っ正面から描いているところも現代的です。

青春のひとこまをリアルに切り取った作品なので、何かものすごい大事件が起こるとかいうわけではないのですが、それぞれのキャラクターがとても生き生きしているので応援したくなるような気持ちが湧いてくるところがあり、後味も爽やかです。真面目なテーマやティーンが抱える問題もとりあげつつ、作りはカラっとしていて、気楽で愉快なティーンコメディといった雰囲気です。主人公の女の子たちが着ている服などもとても可愛らしく、バイト先のスムージースタンドをはじめとしたいかにも北欧っぽいインテリアも見ていて楽しいところです。ユーモアもあり、ショッピングモールのスムージースタンドで変な名前の飲み物が売られているあたりは妙なリアリティで、世界のどこでもこういう感じなんだな……とあるあるネタで笑えます。

ミンミとエマの恋は途中でけっこういたたまれない感じの展開になるのですが、全体としてはかなりちゃんとした素敵なロマンスものになっていると思います。とくにエマがスムージー店に押しかけてくるところはものすごくロマンチックなのですが、一方でそれを見たロンコが刺激されてちょっと不器用なやり方でスムージー店のお客さんを口説いてしまうという展開があり、ロマンチックなところとコミカルなところのバランスもとれています。肩の力を抜いて楽しく見られる北欧発のチャーミングなロマンティックコメディです。

製作：2022年／100分／フィンランド
監督：アッリ・ハーパサロ
出演：アーム・ミロノフ、エレオノーラ・カウハネン、リンネア・レイノ

『ガール・ピクチャー』配給：アンプラグド

人種・民族

『ウォーターメロン・ウーマン』自分の先祖を作り出す

『ウォーターメロン・ウーマン』はドキュメンタリー映画のような作りです。駆け出しの映画作家であるレズビアンの黒人女性シェリルは1930年代から40年代頃の黒人女優について調査し、映画を作ろうとしています（シェリル・デュニエはこの映画の監督・脚本も担当しています）。シェリルは『農園の思い出』という映画に出ている「ウォーターメロン・ウーマン」なる名前のわからない黒人女優について調査をし、このウォーターメロン・ウーマンがフェイ・リチャーズという名前で、レズビアンだったらしいことを探り出します。調査の経過が白黒のアーカイブ映像っぽい記録映画の断片や、実在する専門家のもっともらしいインタビューなどをまじえて語られるので、非常にドキュメンタリーっぽい展開になるのですが、実はフェイ・リチャーズは架空の人物で、この映画はある種のモキュメンタリー（実在しない対象をドキュメンタリー風に追ったフィクション）であることが明かされます。この調査と並行して、シェリルやその親友タマラのロマンスも描かれます。

この映画は映画を志す黒人のレズビアン女性が、過去の調査を通して自分の祖先とも言える、同じく映画を志していた黒人のレズビアン女性を発見する……という展開です。芸術や学問をやっている人にとって、自分と似たようなことに興味を持っていた人が過去にもいたということがわかるのは嬉しいことですが、この映画におけるウォーターメロン・ウーマンことフェイ・リチャーズの発見は、黒人女性がいかに映画史から消されてきたかということを明らかにするプロセスでもあります。フェイは才能のある女優でしたが、人種の壁に阻まれてハリウッドの主流で活躍することができず、さらにレズビアンで白人女性の恋人がいたというようなこともずっと隠蔽されてきました。映画に出てもちゃんとクレジットに名前を表記してもらうことすらろくにできません。アメリカ合衆国ではスイカは黒人が好むものとして人種差別的なステレオタイプに組み込まれており、「ウォーターメロン・ウーマン」というクレジットは黒人女性がいかに映画史においてきちんと評価されず、才能に見合う地位を与えられてこなかったかを象徴するものです。

このように「過去の先祖を作り出す」タイプの映画というのは、実は他にも存在します。『ロード・オブ・ザ・リング』シリーズの監督であるニュージーランドのピーター・ジャクソンは、若い時に『光と闇の伝説　コリン・マッケンジー』（1995）という、ニュージーランドの忘れられた初期映画監督についてのモキュメンタリーを撮っています。映画史上見過ごされがちなニュージーランドを扱った『コリン・マッケンジー』も、黒人女性やレズビアンの抹消を扱った『ウォーターメロン・ウーマン』も、軽視されている歴史にあえて架空の存在を持ち込むことで歴史の再考を促す試みです。

製作：1996年／90分／アメリカ
監督：シェリル・デュニエ
出演：シェリル・デュニエ、グィネビア・ターナー、バレリー・ウォーカー

『ウォーターメロン・ウーマン』提供：アップリンク

『ベッカムに恋して』
サッカーを志すインド系移民の少女

『ベッカムに恋して』の原題は *Bend It Like Beckham*、つまり「ベッカムのように曲げろ」です。ベッカムは当時イングランドサッカー界の大スターだったデイヴィッド・ベッカムです。'Bend' は敵の選手が予想しづらいような曲がった軌道になるようにボールを蹴ることです。日本語だとダサいタイトルにされてしまっていますが、つまりはベッカムみたいなサッカー技術を身につけたいという意味です。

ベッカムみたいにボールを曲げたいと思っているヒロインのジェスは、ロンドン郊外に住むインド系シク教徒の家庭の娘です。サッカーに夢中なのですが、18歳になり、姉のピンキーが婚約したのもあって、親からは大学進学と花嫁修業をせっつかれています。そんな中、ジェスは白人の少女ジュールズから、地元のアマチュア女子サッカーチームに入るよう誘われます。ジェスは両親に内緒でチームに入り、コーチのジョーにも認められます。しかしながら家族はジェスがサッカーをすることを許しません。

ジェスの一家はイギリスのインド系移民としてシク教徒の伝統を守りつつ、現代社会でも成功

人種差別や民族差別を
女性の視点から描いた映画を紹介します

しようとしています。ジェスの両親は娘の良い結婚を願うばかりではなく、大学に行って弁護士になることも望んでいます。ジェスに対して親が厳しいのは、女性がスポーツをすることに対する偏見はもちろん、サッカーをしても将来の役に立たないと考えているということもあります。アジア系移民の家庭では、白人中心の社会で成功を目指すため、将来に関係なさそうな課外活動を子どもにやらせたがらないことがあるようですが、ジェスの両親もそうだと考えられます。

ジェスのお父さんは若い頃クリケット選手だったのですが、差別を受けてチームから追い出されたため、インド系がスポーツをやっても将来はないと考えています。ジェスが所属するチームは移民が多い地域にあるのであまり人種差別はないようなのですが、他のチームと対戦した際にジェスは差別発言を投げつけられて逆上してしまいます。それを知ったコーチのジョーが、自分もアイルランド人だから経験があるとほのめかします。スポーツにおける人種差別は今もよく問題になりますが、この映画はそのあたりも描いています。

性差別、人種差別、同性愛差別などの批判を巧みに織り込みつつ、ヒロインが夢に向かって進む様子を描いた爽やかなスポーツ映画ですが、今見ると気になるところがあります。少し年上のコーチにジェスとジュールズが夢中で、さらにジェスの想いがかなってしまうというところです。今だといくら若くて年齢差が小さいとはいえ、スポーツのコーチが未成年の選手と付き合うのは良くないとされていると思います。ただ、1990年代末から2000年代初め頃には、オシャレな若い女の子がちょっと年上の大人の男性と付き合う映画が多かったので、これも時代の風潮を反映しているのでしょう。

製作：2002年／112分／イギリス
監督：グリンダ・チャーダ
出演：パーミンダ・ナーグラ、キーラ・ナイトレイ、アーチー・パンジャビ、ジョナサン・リース＝マイヤーズ、アヌパム・カー

068

人種・民族

『ハーフ・オブ・イット：面白いのはこれから』田舎に住む中国系少女の恋

『ハーフ・オブ・イット：面白いのはこれから』のヒロインであるエリーはアメリカの田舎町スクワハミッシュに住む中国系の少女です。相当な田舎で非白人はあまりおらず、エリーと父以外にアジア系は住んでいないように見えます。エリーのお父さんは工学博士号を持っているのですが、寡夫で英語が流暢ではなく、この父娘はコミュニティでは外れ者扱いです。妻を亡くし、自分に向いた仕事にもつけずに元気をなくして、地元の駅長であるにもかかわらず引退後のような生活を送っている父のかわりに、エリーは駅の仕事をしつつ、他人のレポートの代筆でお金を稼いでいます。

そんな中、口下手なアメフト選手ポールがエリーにラブレターの代筆を頼んできます。ポールはろくに話したこともない地元教会の聖職者の娘アスターに片想いしているのですが、実はエリーもアスターに想いを寄せていました。エリーはお金のためにラブレターの代筆を引き受けます。エリーはポールのふりをして自分のアスターへの恋心を切々と綴ります。

この映画はフランスの有名なお芝居『シラノ・ド・ベルジュラック』にもとづいています。

『シラノ・ド・ベルジュラック』も、自分の容姿に自信のない文人のシラノが友人のクリスチャンのため、自分も想いを寄せているロクサーヌ宛の恋文を代筆してやるという話です。この映画は『シラノ・ド・ベルジュラック』のロマンティックで切ない雰囲気をとても上手にアップデートしています。しかしながら、勇敢な軍人かつ詩人としてパリに名をとどろかせている原作のシラノに比べると、エリーは田舎の町で孤立し、才能豊かなのに誰からも注目されていないため、より困難な立場に追い込まれていると言えます。エリーは中国系でレズビアン、家庭には問題があり、お金もなく、世間の基準からすると地味な外見かつシャイな性格で、これから将来を切り開いていかなければならない若者としては大変すぎる障害物が前にたくさん積み重なっています。そんなエリーの人生が静かに少しずつ変わっていく様子を観客は見守ることになります。

　この映画はエリー父娘が田舎のコミュニティで受けるアジア系に対する偏見をさらっと描いています。なんとなくコミュニティから敬遠されているのはそのあらわれですし、エリーが名前をからかわれるところもあります。しかしながらそれ自体が主題の映画ではありません。中国系であることで苦労もしつつ、他にも十代の若者にはいろいろ考えないといけないことがある……というスタンスで、エリーの恋と成長を細やかに描いています。エリーだけではなく、小さなコミュニティでこれまで視野を広げる機会がなかったポールや、保守的な環境で育ってきたアスターについても丁寧に心情が描写されており、主要登場人物3人の人生が新しい方向に開けていきます。後味は温かく、爽やかな余韻があります。

製作：2020年／105分／アメリカ
監督：アリス・ウー
出演：リーア・ルイス、アレクシス・レミール、ダニエル・ディーマー、コリン・チョウ

Netflix映画『ハーフ・オブ・イット：面白いのはこれから』独占配信中

069

階級

『エリン・ブロコビッチ』公害と闘うシングルマザー

スティーヴン・ソダーバーグ監督の『エリン・ブロコビッチ』は実在の女性の伝記をベースにしたお話です。エリン・ブロコビッチは1993年にパシフィック・ガス・アンド・エレクトリック・カンパニー（PG&E）が引き起こした公害に対して住民が訴訟を起こし、巨額の賠償金を勝ち取るにあたって大きな役割を果たしました。エリンは弁護士でも科学者でもなく、法律事務所の助手でした。

この映画は、3人の小さな子どもを抱えたシングルマザーで職もないエリンが交通事故にあい、法廷で態度が悪すぎたために賠償金をもらえずににっちもさっちもいかなくなるところから始まります。エリンは裁判で負けたからということで、代理人をつとめた弁護士エドの事務所に強引に就職します。エリンはファイルの整理をしている途中に気になる案件を見つけ、調査をすすめるうちにカリフォルニア州ヒンクリーの人たちがPG&Eによる六価クロム汚染に苦しんでおり、会社がそのことを隠そうとしているらしいことに気づきます。エリンの戦いが始まります。

エリンは美人コンテストで優勝したこともあるくらいゴージャスなのですが、法律の世界では

階級

社会階級の違いや経済格差は
女性にとって大きな壁になります
そうした問題を扱う映画を紹介します

それがかえって不利に働きます。露出度が高くて派手なファッションに身を包み、口も悪い庶民的なエリンはなかなか事務所でも受け入れてもらえません。しかしながらエリンは法律の専門知識はなくてもとてもコミュニケーションスキルが高く、被害にあったヒンクリーの人たちひとりひとりとよく話し合って信頼を勝ち得ます。個人的なことですが、私は発達障害があって大変コミュニケーションスキルが低いので、エリンの物怖じしない人当たりの良さにはビックリしました。ジュリア・ロバーツが主演ですが、親しみやすくて人の心を開かせるのがうまいエリンにピッタリです。エリンは最後まで自分らしく、男性中心的な法曹界の基準にあわせることもなく、派手な服で口が悪いまま、ヒンクリーの人たちを救います。そしてエリン自身も、他の人たちから仕事を通して尊敬されるようになったことに生き甲斐を感じ、大人として成長します。

　実際にこんなすごい人がいたんだな……ということでビックリする一方、映画としてもとても面白い作品ですが、一点、ちょっと気になるところがあります。それはエリンに対置される存在として、男性社会にあわせて地味で真面目な格好をしているエリート女性弁護士テレサが出てくるところです。庶民的なたたき上げのヒロインのライバルとしてイヤな感じのエリート女性を持ってくるというのはよくある展開ですが、これは「女の敵は女」というようなステレオタイプを強化していて良くないと思います。翌年に作られた『キューティ・ブロンド』ではこのあたりがきちんと解決されているので、これについては『エリン・ブロコビッチ』は少し足りなかったな……と思います。

製作：2000年／130分／アメリカ
監督：スティーヴン・ソダーバーグ
出演：ジュリア・ロバーツ、ビーン・コックス、アルバート・フィニー、アーロン・エッカート

『エリン・ブロコビッチ』デジタル配信中
発売・販売元：株式会社ソニー・ピクチャーズ エンタテインメント

070

階級

『女はみんな生きている』
主婦と移民女性がふとしたことから出会って冒険に

『女はみんな生きている』は、1970年代から活動しているフランスの女性監督コリーヌ・セローの作品です。セローはフェミニズム的な視点が入ったコミカルな作品を得意としています。『女はみんな生きている』は、立場が違う女性ふたりの友情と冒険を描いた作品です。

主婦のエレーヌは夫のポールにも息子のファブリスにも軽んじられ、張り合いのない日々を送っています。ある日エレーヌは夫と出かける途中、若い女性がボコボコにされているところを目撃します。エレーヌは助けようとしますが、事なかれ主義のポールはエレーヌを止めます。きちんと対処しなかったことに後悔したエレーヌは翌日からこの女性を探します。病院で見つかった被害者女性はしばらく話すことすらできないようなひどい状態でしたが、エレーヌが付き添っていろいろ世話をし、だいぶ回復します。ところがアルジェリア系のセックスワーカーであるらしいこの女性を売春組織の人間が無理矢理連れだそうとしたため、エレーヌはこの女性とポールの母親の家まで逃げることにします。

話せるようになったこの女性は、本名はマリカだと名乗り、自分のつらい過去を打ち明けます。

マリカは親による強制結婚から逃げようとして売春組織につかまり、ドラッグを打たれて性暴力を受け、セックスワークを強要させられていました。マリカは強制売春から逃れようといろいろな策略を立てていましたが、それが見つかって組織にボコボコにされたところにエレーヌが通りかかったというわけです。マリカはエレーヌと組み、売春組織に復讐し、さらにはエレーヌを顧みない夫と息子にも一杯食わせることを画策します。ここからふたりの大作戦が始まります。

性差別や人種差別、強制結婚、強制売春など深刻なテーマを扱っていますが、じめじめしたところはほとんどありません。お話は息もつかせぬ早いペースで展開し、笑うところもたくさんあります。とくに終盤の復讐作戦の展開はコミカルで、マリカが標的をお色気で罠にかけるところは男性の無防備さを皮肉る辛辣なジョークになっています。リアルというよりは諷刺的なコメディなので、本作に出てくる男性は男子文化のいろいろな悪いところを誇張して描いたようなひどい男性ばかりで、ひとつもいいところがありません。一方でエレーヌとマリカが女同士で協力して活躍するうちにポールの母やマリカの妹ゾラが巻き込まれ、女たちの輪がどんどん大きくなっていくあたりは痛快です。女性たちが全て解決してゆっくりしている最後の場面などは、まるでおとぎ話のようです。だいぶ暴力的な内容ですが、『女はみんな生きている』は『アントニア』と同じようなフェミニズム的なおとぎ話と言えるかもしれません。

製作:2001年/112分/フランス
監督:コリーヌ・セロー
出演:カトリーヌ・ノロ、ラシダ・ブラクニ、バンサン・ランドン
リーヌ・ルノー、ハジャール・ヌーマ

071

階級

『サンドラの週末』

日の光のほうへ歩き、公正のために戦う

『サンドラの週末』のヒロインであるサンドラはレストランで働く配偶者マニュとともにふたりの子どもを育てていますが、勤め先を鬱病でしばらく休職していました。病状が改善して復職しようとした時、業績不振気味の会社がサンドラを解雇しようとします。最初の解雇決定は主任の圧力によるものだということで撤回され、週明けに同僚の投票による再検討が行われることになりました。

投票の選択肢はふたつで、ボーナスをもらってサンドラを解雇するか、ボーナスなしでサンドラを復職させるかです。同僚の過半数がボーナスを捨てるほうに賛成すればサンドラは復職できますが、このご時世に社員たちが収入減に投票するわけがありません。絶望するサンドラですが、マニュや同僚に励まされ、週末の間に16人の同僚を訪問して自分の復職に投票するよう頼むことにします。

あまりにもシビアすぎてまるで不条理劇かと思うような設定です。この映画は、自分に対する公正な扱いを求めてやまないサンドラの訴えによって同僚たちが直面する道徳的な悩みに焦点を

あてています。病気で休んでいた職員を復職させないのは公正とは言えませんし、他の職員を犠牲にしてボーナスをもらうのは不公正で無慈悲です。慈悲と公正の感覚に訴えようとするサンドラと顔を合わせたくないため、逃げようとしたり、生活が苦しいから仕方ないと言って諦めていたり、意見の相違のために同じ職員である親子同士で暴力を振るったりする同僚がいる一方、泣いてサンドラに謝ったり、快く協力したりする人もいます。

サンドラは弱さと強さを併せ持つ奥行きのある女性です。労働者である他に配偶者や母、友人といった多様な面を持つひとりの人間として尊厳を持って描かれています。持病の鬱病についても、やる気にあふれた状態から自殺未遂までを行き来する病状のアップダウンが細やかに描かれています。夫のマニュを心から愛して思いやっていますし、子どもの前では涙を見せないようにしたり、おやつにタルトを焼くなど、鬱とたたかいながらも母親として子どもたちを喜ばせようと努力しています。サンドラは配偶者としても、母としても、そしておそらく労働者としても、完璧ではありませんが、愛情と責任感を持った大人です。トラブルを抱えながら精一杯やっているサンドラを見て元気づけられる同僚も出てきます。

結末はちょっとひねったもので、復職がかなわなかったサンドラにとってハッピーエンドだとは言えませんが、暗い雰囲気はありません。日光が降り注ぐ中、晴れやかな顔をしてひとり歩いて行くサンドラをカメラがじっくりととらえます。この場面のサンドラはとても強い女性に見えます。サンドラは仕事を取り戻すという目的は果たせなかったかもしれませんが、公正さという自分の理念を守ったのです。

製作：2014年／95分／ベルギー・フランス・イタリア
監督：ジャン＝ピエール・ダルデンヌ、リュック・ダルデンヌ
出演：マリオン・コティヤール、ファブリツィオ・ロンジォーネ

072

階級

『ハスラーズ』いけすかない犯罪者たちにどうしても同情してしまう

『ハスラーズ』のヒロインであるニューヨークのストリッパーたちは犯罪者で、真似しないほうがいい生き方をしている人たちです。何しろクラブの男性客に薬を盛って、意識があやしくなったところでお金を巻き上げているので、全く褒められた行いではありません。だいたい、こっそりお酒に薬を入れて相手の意識を失わせるなんて性犯罪みたいな発想です。実にとんでもない女どもです。

……しかしながら、この映画を見ていると、きっとヒロインたちに同情してしまうと思います。出てくる女性たちはお金もなく、養う家族がいる労働者で、多くはアメリカ合衆国では人種差別を受ける非白人です。ストリッパーとしての技術を向上させるためにポールダンスの練習をし、稼ぎを増やすべく精一杯頑張っています。途中でジェニファー・ロペス演じるラモーナが、ウォール街の男たちは真面目に働く貧しい人から奪ったお金で裕福に遊んで暮らしているのに、自分たちはいくら働いても生活が楽にならないのはおかしいと言うところがあります。だからと言って泥棒はもちろんやってはいけないわけですが、美女目当てにクラブでカッコつけている金持ちの男どもがお金を巻き上げられてもそんなに同情できない……と思ってしまうところもあるでしょう。泥棒された男性ひとりひとりは気の毒なところもありますが、エリート男性が女性や移民、貧困層の労働力を買い叩いているアメリカ社会のシステム自体に問題があるのではと思えてきます。

『ハスラーズ』はこれまでの映画とは違う角度でストリッパーを描いています。映画に出てくるストリッパーやショーガールというと、セクシーなだけだったり、男性を食い物にする悪女だったり、かと思うと妙に男性に都合のいい形で優しかったり、あまり奥行きのないキャラクターになりがちですが、この映画のストリッパーたちは良いところも欠点もあり、ひとりひとり個性的です。女性が集まって働くような場所を描く作品では、やたらとお互いの足を引っ張り合うなど、女同士の嫉妬は怖い……みたいなステレオタイプな描き方をしているものもありますが、この映画にはあまりそういうところはありません。メインのヒロインであるコンスタンス・ウー演じるデスティニーはストリッパーとして働き始めた時から先輩のラモーナに助けてもらっており、女性同士の連帯や友情が描かれています。ストリッパーが踊るポールダンスが単にお色気があればよいだけではなく、訓練や技術を必要とする芸事であることもしっかり描かれており、ダンスとしてのストリップをきちんと撮っています。結局は犯罪がバレてビターな結末になるのですが、『ハスラーズ』は社会のいろいろな格差や差別を折り込みつつ、ストリッパーであるヒロインたちをとても魅力的かつ深みのある人物として提示した作品です。

製作：2019年／110分／アメリカ
監督：ローリーン・スカファリア
出演：コンスタンス・ウー、ジェニファー・ロペス

『ハスラーズ』スペシャルプライス Blu-ray＆DVD発売中
Blu-ray：1,980円（税込）　DVD：1,320円（税込）
発売元：株式会社ハピネットファントム・スタジオ
販売元：株式会社ハピネット・メディアマーケティング

073

階級

『燃ゆる女の肖像』

見る主体としての女性たち

『燃ゆる女の肖像』は、18世紀のフランスを舞台にしたロマンスで、画家マリアンヌの回想という枠に入っています。マリアンヌは孤島に呼ばれ、屋敷の令嬢エロイーズのお見合い用の肖像画を描くことになります。ところがエロイーズは結婚を嫌がり、肖像画を描かれることを拒否しています。さらにエロイーズの姉は結婚を拒んで自殺したらしいので、母は警戒し、マリアンヌを画家ではなく散歩の付き添いということにしてこっそり絵を描かせようとします。エロイーズとマリアンヌは次第に親しくなり、さらにお屋敷の女中さん、ソフィとも仲良くなります。数日間だけ母が留守をすることになり、3人はより近づきます。

この作品はロマンティックな正統派の恋愛映画です。女性同士が親しくなっていく様子が丁寧に描かれるのですが、マリアンヌは絵が出来上がるまでという期間限定で屋敷に滞在している上、エロイーズはミラノに嫁ぐ計画が着々と進んでいます。孤島に住んでいるので逃げる手立てもなく、駆け落ちもできません。幸せになれる見込みがないまま激しい恋が燃え上がります。

この映画の特徴は、完全に女性の世界を描いた作品だということです。主要登場人物の4人は全員女性で、男性はほんの少ししか出てきません。エロイーズが結婚しなければならないという点では男性に人生が振り回されているということになるのですが、実際にこの婚約者が出てくることはありません。ソフィには付き合っていた男がいるようなのですが、これも出てきません。「見る主体」である画家のマリアンヌが女性だということも含めて、この映画は全てを徹底的に女性視点で描こうとしています。

この見る主体としての女性というテーマが際立っているのが、ソフィが中絶を受ける描写です。エロイーズとマリアンヌが付きそうのですが、中絶をしてくれる女性の家には子どもがおり、手術中のソフィの脇にも赤ん坊がいて、この場面はまるで中絶ではなく出産のように見えます。そしてその後、エロイーズのすすめでマリアンヌは中絶の様子を絵に描くことにするのですが、これもどちらかというと出産に近い絵面になるはずです。中絶は悪いもの、出産は祝福されるものと考えられがちですが、この場面は3人の視点を通して、どちらも女性にとっては昔から繰り返されてきたことで、人生の当たり前の一部であるということが示されています。

この映画には謎めいたところがあります。ネタバレになりますが、冒頭で「燃ゆる女の肖像」の絵についてマリアンヌが困惑しているのはなぜでしょう？　そしてなぜ終盤の劇場での記憶がふたりの「最後の再会」として語られているのでしょう？　私の解釈では、エロイーズはマリアンヌと離れたあとの映画冒頭の時点で既に亡くなっていると思います。そう考えると、この作品は亡くなった愛する人への追慕を描いた切ない作品だということになります。

製作：2019年／122分／フランス
監督：セリーヌ・シアマ
出演：ノエミ・メルラン、アデル・エネル、ルアナ・バイラミ、ヴァレリア・ゴリノ

『燃ゆる女の肖像』¥2,200（税込）　発売・販売元：ギャガ

『4ヶ月、3週と2日』
中絶が違法だった時代のルーマニアの女性たちの苦労

社会主義国だった時代のルーマニアでは原則として中絶が違法で、避妊もできませんでした。独裁者であったニコラエ・チャウシェスクの政権は保守的で、人口増加による国力増強を目指し、避妊や中絶ができないようにすれば子どもが増えて国が栄えるはずだ……と思ったのです。一方でチャウシェスク政権は、これに見合った子育て支援や女性支援、教育支援などをほとんどまともに提供しませんでした。当然の結果として、親は子どもが生まれたとしても育てられなくなり、捨て子が急増し、孤児院や学校がパンクし、社会主義政権崩壊後は貧しい子どもたちがストリートチルドレンとなって町にあふれました。違法で危険な中絶も横行し、そのせいで死亡した女性も多数います。

中絶を禁止することによる社会的利益というのはほとんどありません。計画外の妊娠というのは既婚・未婚や出産の経験を問わずどんな年齢でも起きるもので、経済的な理由などで子どもが育てられなければ親は中絶を選びますし、生まれてしまった場合は子どもの遺棄にもつながります。中絶を禁止して出産を強要したとしても、育てる手段が確保されていなければ意味はまったくありません。

『4ヶ月、3週と2日』はそうした社会主義政権下の状況をリアルに描いた映画です。リアルすぎて、この本で取り上げる映画の中でも群を抜いてイヤな気分になると思います。抑圧的な独裁政権のせいで、妊娠しただけで女性が弾圧を受けるような状況になるのか……と怖くなると思います。

舞台は1980年代末、社会主義政権が崩壊する少し前です。ヒロインのオティリアと友人のガビツァは大学生で、寮の同じ部屋に住んでいます。オティリアはガビツァから妊娠したと相談を受けます。オティリアはガビツァがこっそり違法な中絶を受ける手伝いをすることになるのですが、そのせいで大変な目にあうことになります。お金が足りなくなってしまったオティリアとガビツァが違法な中絶を行う医師からセックスを要求され、応じないといけなくなるところは非常にショッキングな性暴力描写ですが、実際にこの種のことはよく起こっていたと思われます（今でも場所によってはあるでしょう）。

この映画は女性同士の連帯を描いた作品ですが、女同士で助け合っていい話……には全然ならないところがポイントです。なにしろガビツァがかなりぼんやりしていて困った女の子として描かれているのです。ガビツァは妊娠について嘘ばかりついており、いろいろなところがあやふやで、友達甲斐ゼロです。なんでこんな子をオティリアが助けるのか……と見ていてイライラしてくるくらいですが、独裁政権下というのはそうやってこっそり助け合わないと、いつ自分の身にも問題が降りかかってくるかわからない時代だったのだろうと思います。そうした点もとてもリアルな映画です。

製作：2007年／113分／ルーマニア
監督：クリスティアン・ムンジウ
出演：アナマリア・マリンカ、ローラ・ヴァシリウ、ヴラド・イヴァノフ

075

からだ

『モロッコ、彼女たちの朝』

女性同士の細やかな連帯、そして美味しそうなパン

『モロッコ、彼女たちの朝』は、カサブランカの旧市街が舞台です。未婚で妊娠した臨月のサミアが、パン屋を営む寡婦アブラに匿ってもらう様子を描いています。モロッコでは婚外性交渉が罪になるそうで、未婚の母は大変な状況に置かれています。サミアは実家に帰ることもできず、美容師の仕事もクビになってしまいました。アブラはひとりで幼い娘ワルダを育てていますが、サミアと交流することで少しずつ人生に活気が取り戻されていきます。

比較的シンプルで禁欲的な撮り方をしている映画です。派手な背景音楽を排し、音楽は劇中で実際に流れている設定のもののみが使われていますが、そうした場面ではアブラやサミアの心情が音楽にのせて表現されるので、非常に盛り上がります。カサブランカの街の様子も全く理想化されず、庶民的な下町として撮られていますが、それが控えめな美しさを醸し出し、まるで古典的な絵画のような雰囲気で景色がとらえられています。全体的に抑えた撮り方ですが、一方でアブラが売っているさまざまな地元のパンは大変美味しそうに撮られており、思いやりやあたたかい気持ちを伝えるものとしての食べ物の役割が強調されています。

アブラがサミアを助けるつもりで匿ったものの、結局サミアがアブラに大いに助けてもらうようになる……という、女性同士の相互的な助け合いを描いた作品です。娘のワルダはすっかりサミアになつきます。また、モロッコの伝統的なパンケーキであるルジザ作りを通して、アブラが経済的にも心理的にもサミアに助けられていきます。ふとしたことから知り合ったふたりの女性がお互いに助け合った結果として、どちらも人生を前に進めることができるようになるという展開です。

　この映画はオープンな終わり方になっており、サミアが結局、生まれた子どもについてどういう決断をしたのかについてははっきりとは示されていません。続きが気になってしょうがなくなるような終わり方ですが、これはたぶん、これまで望まない出産についていろいろな決断をしてきた女性全てがサミアに自分を重ねられるようにしているのかとも思います。どのような決断をしたとしても、自分で行った選択は尊重されるという終わり方なのだと思います。

　とてもいい映画ですが、ひとつ気になるのは『モロッコ、彼女たちの朝』という日本語タイトルです。原題は『アダム』で、「モロッコ」は入っていません。こういうふうに、もともと入っていない国名を映画の日本語タイトルに入れるのはちょっとざっくりしすぎていて失礼ではないかと思います。日本映画が海外で公開されるとして、なんでもタイトルに「日本」が入ったらイヤですよね？　この映画以外にもそういうタイトルの付け方をしている映画はあるので、やめてほしいな……と思います。

製作：2019年／101分／モロッコ・フランス・ベルギー
監督：マリヤム・トゥザニ
出演：ルブナ・アザバル、ニスリン・エラディ

『モロッコ、彼女たちの朝』発売：ニューセレクト　販売：アルバトロス

076

からだ

『オマージュ』芸術家としてのご先祖をたずねて

韓国映画『オマージュ』は、中年の女性映画監督ジワンが主人公です。ジワンは新作が当たらず、家庭も思うようにはいかない状態です。そんなジワンのところに、音声が途中からなくなっている映画『女判事』の修復の仕事が持ち込まれます。『女判事』は1960年代のパイオニア的女性映画監督で、3作しか映画を撮らなかったホン・ジェウォンの作品で、フィルムを記念上映用に修復する必要がありました。ジワンは修復作業のための調査を開始します。

『オマージュ』は、この映画を撮ったシン・スウォン監督の経験にヒントを得た作品です。監督自身が韓国最初の女性映画監督についてドキュメンタリーを撮ったことがあり、ホン・ウノンという監督が撮った『女判事』という映画も実在するそうです。映画内では監督の名前が変えてあることからもわかるように、韓国映画史をヒントにしてはいるものの、大部分はフィクションになっています。

ジワンの調査は一見したところ地味ですが、実はけっこうスリリングです。調べるうちにだんだん『女判事』に関する情報がわかり、過去の映画人との出会いや偶然の発見を通して、すっかりスランプに陥っていたジワンと、その先達である苦労していた韓国映画界の女性パイオニアたちがつながっていく様子が、ユーモアやちょっとしたホラー要素もまじえて描かれています。私生活でも映画界でも女性だということで苦労しているジウンにとって、『女判事』の修復は言ってみれば自分のご先祖、芸術家としての母や祖母を発見するプロセスです。この作業の中で、ジワンはホン・ジェウォンのような人がいたから今の自分があるのだ、ということが身にしみて感じられるようになりますが、実は映画界の性差別があまり60年代に比べて改善しているわけでもないということも明らかになってきます。かつて映画編集の仕事をしていたイ・オッキが、高齢で相当に体調が悪いのにもかかわらず、最後、ジワンがひょんなことから見つけたフィルムを見た途端に過去の編集魂を発揮して頑張り始めるところは、女同士の連帯と映画愛の両方がよく表現された、静かながらも温かい場面です。

　ジウンは美人でもスーパーウーマンでもなく、健康問題、経済問題、家族関係で参っている等身大の女性です。この映画では、ジウンの子宮筋腫が非常に困ったトラブルでありつつ、日常生活の一部として描かれているところがポイントです。子宮筋腫はよくある病気で私も抱えていますが、煩わしい一方、別に女性としてのアイデンティティにかかわる重大事というわけではありません。子宮や卵巣などにかかわる婦人科系の病気はやたら仰々しく神秘的なおおごととして描かれがちですが、この映画は大げさにならずにこうした病気をとらえているところがリアルで良いと思います。

製作：2021年／108分／韓国
監督：シン・スウォン
出演：イ・ジョンウン、クォン・ヘヒョ、タン・ジュンサン、イ・ジュシル

『オマージュ』発売：ニューセレクト　販売：アルバトロス

077

からだ

『コール・ジェーン ―女性たちの秘密の電話―』

いのちを軽視する社会

『コール・ジェーン ―女性たちの秘密の電話―』は、ロー対ウェイド判決によってアメリカ合衆国で中絶が合法化される以前に実在していた、ジェーン・コレクティヴという中絶支援組織のお話にゆるくもとづく映画です。シカゴ郊外に住むミドルクラスの主婦ジョイは2人目の子どもを妊娠しますが、急に体調を崩し、このまま妊娠を継続すると命にかかわる危険があることがわかります。ところが病院は法律を楯に中絶を許可しません。にっちもさっちもいかなくなったジョイは、「ジェーンに電話を」というミステリアスなサインを見かけてその番号に電話をかけ、女性たちの支援組織の紹介を通して違法ながらも安全な中絶を受けます。創始者のヴァージニアの誘いで、ジョイは極秘で支援組織の運動にかかわることになります。

もともとは保守的な郊外の主婦だったジョイの中に潜んでいた正義感を、ちょっとぶっ飛んだ歴戦の活動家であるヴァージニアが引き出していく過程を描くことで、いったい人はどういうところからフェミニズム運動にかかわるようになるんだろう……というようなことをうまく見せている映画です。ジョイをエリザベス・バンクスが、ヴァージニアをシガニー・ウィーバーが生き生きと演じており、とくにヴァージニアにはコミカルな見せ場もあります。一方で当時のフェミニズム運動が白人ミドルクラス女性中心的だったことについても、登場する黒人女性キャラクターであるグウェンが作中で厳しく指摘しており、このあたりは史実にもとづいた描写なのだろうと思います。

この映画は、ヒロインのジョイが命にかかわる健康上のトラブルを抱えているのにもかかわらず中絶できないという最悪の状況に陥っているところがポイントです。通常、中絶を禁止する法律があったとしても、母体に危険がある場合は中絶を認める規定がある場合が多いのですが、そういう例外規定は実はあまり適切に運用されません。病院は後から中絶が違法だったのではないかと言われて捜査されることを怖れているので、明らかに具合が悪そうで健康状態に危険がある女性が受診しても中絶を行わないことが多いのです。これは最近も起こっており、アイルランドでは2012年にすぐ中絶を受けていれば助かった可能性がある妊婦のサヴィータ・ハラッパナバールが悲惨な死を遂げたため大問題になりました（アイルランドは2018年に国民投票で中絶を合法化しました）。アメリカ合衆国では2022年の最高裁判断の変更に伴って中絶を禁止する州が出てきましたが、そのせいでやはり明らかな健康上のトラブルがあるのに中絶を受けられない女性が既に発生しています。『コール・ジェーン ―女性たちの秘密の電話―』は、中絶を禁止する社会はいのちを大事にしているように見えて、実は女性のいのちを軽視している社会だということを辛辣に描いています。

製作：2022年／121分／アメリカ
監督：フィリス・ナジー
出演：エリザベス・バンクス、シガニー・ウィーバー、ウンミ・モサク、クリス・メッシーナ

『コール・ジェーン ―女性たちの秘密の電話―』U-NEXTにて配信中
配給：プレシディオ

『ボーイズ・オン・ザ・サイド』

トラブルを抱えた3人の女性のロードムービー

『ボーイズ・オン・ザ・サイド』は、背景が違う3人の女性が一台の車に乗り合わせて旅をするうちに絆を深めていくロードムービーです。レズビアンの女性歌手ジェーンをウーピー・ゴールドバーグが、エイズを患っているロビンをメアリー＝ルイーズ・パーカーが、妊娠中のホリーをドルー・バリモアが演じており、けっこうな豪華キャストです。いろいろ深刻なテーマを扱っていますが、音楽があふれる温かい後味の作品です。

ジェーンは恋人と別れてニューヨークからロサンゼルスに引っ越すことになり、新聞広告で知り合った不動産業者ロビンの車でカリフォルニア州へ向かうことになります。途中のピッツバーグでロビンの友人ホリーを訪ねたところ、ボーイフレンドのニックから暴力を振るわれていました。3人はニックに逆襲し、ダクトテープで拘束して逃げ出します。ところがニックは拘束から逃げようとして死亡し、ホリーは妊娠している上に殺人容疑までかけられることになってしまいます。さらにロビンの持病であるエイズが悪化します。3人はしばらくアリゾナ州ツーソンで暮らすことにします。

障害や病気を抱えたヒロインが
活躍する映画を紹介します

ジェーンは黒人女性、ロビンは白人ミドルクラスの女性、ホリーはもっと貧しいと思われる白人女性です。この3人、とくにジェーンとロビンの背景の違いは丁寧に描かれています。ロビンは比較的恵まれた白人女性であるため、ジェーンが黒人のレズビアン女性として生きるにあたって抱えている苦労が最初はよく理解できずにいます。一方でジェーンはいつも元気な女性で、うっかりロビンの病気に対して無神経な態度をとって傷付けてしまいます。

ロビンとジェーンの背景の違いは、ふたりが聴く音楽や見る映画を通して説明されています。ロビンのお気に入りの映画は『追憶』（1973）なのですが、これはアメリカの白人女性の間で絶大な人気を誇るロマンス映画である一方、たぶんそれ以外のコミュニティではそうでもなく、ジェーンはロビンと一緒にこの映画を見て吹き出してしまいます。さらにロビンはカーペンターズが大好きで、これもジェーンにとても白人っぽいと言われています。ロビンのいかにも白人ミドルクラス女性っぽい趣味が受け入れられなかったジェーンですが、ふたりが親しくなるにつれ、ジェーンは自分のレパートリーにカーペンターズを取り入れます。

この映画には今見ると古くなっているところもあります。同性愛や人種差別の描写はだいぶ控え目です。『マドンナのスーザンを探して』もそうですが、新聞広告で知り合うというのは現代人にはピンとこないかもしれません。また、病気を扱った映画はどれもそうなのですが、エイズの治療や患者への対応は1990年代半ばと今では大きな違いがあります。現在ならロビンはもっと長生きできるでしょう。時代の限界も考えつつ楽しんでください。

製作：1995年／117分／アメリカ
監督：ハーバート・ロス
出演：ウーピー・ゴールドバーグ、メアリー＝ルイーズ・パーカー、
ドリュー・バリモア、ビリー・ワース

『しあわせの絵の具 愛を描く人 モード・ルイス』
女性芸術家のふしぎな人生

『しあわせの絵の具 愛を描く人 モード・ルイス』は、カナダの実在の女性画家モード・ルイスの伝記映画です。１９３０年代、ノヴァスコシアの小さな田舎町で始まります。モードは関節リューマチで足に障害があり、おそらくはそのためにかなり世間から隠されて育っていて、浮き世離れした女性なのですが、絵を描くのが大好きです。母親が亡くなってしまったため、兄チャールズが家を売ってしまい、モードは親戚に引き取られることになります。しかしながらモードは自活の道を探り、魚売りのエヴェレットが募集していた家政婦の職に応募します。最初は冷たく暴力的だったエヴェレットですが、いろいろあって結婚することになります。モードの絵が観光絵葉書として売れることに気づいたエヴェレットは、その才能を伸ばそうとしはじめます。

この映画のよいところは、大きく脚色はしてあると思われるものの、夫婦の複雑な関係の変化を丁寧に描いているところです。このふたりは問題だらけのカップルで、見ていて「これはちょっと大丈夫なのか……」みたいに思えるところもあります。それでも「破れ鍋に綴じ蓋」的な、お互いがいなければやっていけないふしぎとお似合いの夫婦なのだ……ということがわかるようになっています。

人徳と才能でエヴェレットやお得意さんたちを自分のペースに巻き込むモードを演じるサリー・ホーキンスはとにかく魅力的です。浮世離れしている一方、自分で人生を切り開くたくましさを備えています。画風はいわゆる「アウトサイダー・アート」風で、素朴なスタイルです。

一方でエヴェレットは共感しづらいキャラクターなのですが、より興味深いとも言えます。偏屈な性格で、モード以上に世間にあわせて生きていくことができません。序盤ではモードに暴力を振るう最低男なのですが、だんだん浮き世離れした相手のペースにのせられて、お互いの共通点のようなものを感じ取って成長していくあたりが、イーサン・ホークの人間味ある演技で表現されています。最初はいかにも「男性らしい」ふりをして強がっていたのに、モードの絵がお金になるとわかると才能を伸ばそうとしはじめ、嫉妬やプライドに苦しみつつも結局創作の時間を作ってもらうため家事を全部自分で引き受けてしまうあたり、エヴェレットの「男性らしさ」に対する固定観念が変わっていく様子がユーモアをまじえて描かれています。「悪い男性が愛の力で改心する」みたいな昔のメロドラマ展開を現代的なひねりを加えて刷新していると言えるでしょう。

風変わりなカップルですが、モードと出会うことでエヴェレットは肩肘張らない自分らしい生き方を見つけることができ、モードもエヴェレットと出会うことで才能が開花しました。始まり方は悲惨でへんてこりんでも、終わり方は楽観的です。かなり好みが分かれる内容だと思いますが、試す価値はある作品です。

製作：2016年／116分／カナダ・アイルランド
監督：アシュリング・ウォルシュ
出演：サリー・ホーキンス、イーサン・ホーク

『しあわせの絵の具 愛を描く人 モード・ルイス』
DVD：4,100円（税込） 発売・販売元：松竹

『500ページの夢の束』
若き戦士の大旅行

『500ページの夢の束』のヒロインである若い女性ウェンディは自閉スペクトラム症（ASD）です。サンフランシスコのグループホームで暮らし、シナモンロール専門店のシナボンでアルバイトもしているウェンディは『スター・トレック』の大ファンで、脚本コンテストに応募すべく、とっておきの『スター・トレック』台本を仕上げていた……のですが、さまざまなトラブルのせいで脚本が期日前に発送できませんでした。思いあまったウェンディは、バイトでためたお金を使い、直接脚本を持ってハリウッドに向かうことにします。初めての大旅行ではさまざまなトラブルが発生します。まずはホームの飼い犬であるピートが一緒についてきてしまったせいでバスを降ろされ、その後泥棒にあうやら事故にあうやら、大問題が次々起こります。一方でグループホームの人たちはウェンディがいないのに気づき、心配して探し始めます。

私もウェンディと同じく自閉スペクトラム症で、かつADHD（注意欠陥・多動性障害）です。ウェンディよりだいぶ症状が軽く、しかも研究職であまり社交性が必要ない仕事なので、管理職になって自分にできない業務があることに気づくまで発達障害の診断を受けていませんでした

（40歳近くなってから診断が出ました）。そんな私からすると、ちゃんとシナボンでバイトをしているウェンディはものすごくしっかりしているように見えます。私は接客に類することはほとんどできないし、マニュアルを読んで従うのも苦手なので、たぶんあんなふうにちゃんと食べ物を売ることができません……3日と続かないと思います。ウェンディには尊敬しかありません。

ＡＳＤの人は好きなことにこだわりがあることが多いのですが、この作品でのウェンディのこだわりは『スター・トレック』です。ウェンディの世界観を表すため、この映画には『スター・トレック』ネタが感じよくたくさん盛り込まれています。グループホームでウェンディのサポートをしているスコッティはまったくSFに関心がないため、『スター・トレック』と『スター・ウォーズ』を混同して、息子のサムに怒られたりするのですが、これはアメリカではあるあるでバラク・オバマ大統領も混同したことがあります。終盤で警官のフランクが、ウェンディを助けようと『スター・トレック』シリーズに出てくるクリンゴン語で話しかけるところがあるのですが、ここでフランクは「戦士」同士としてウェンディに助けを申し出ており、ファン同士できちんと敬意を示しているところがぐっときます。なぜウェンディはこんなに『スター・トレック』に夢中なのか……ということで、感情を持て余し気味なスポックに対してウェンディがたぶん親近感を抱いているから、という理由が提示されているところもとても良いと思います。ちょっと台本が緩いところもありますが、ＡＳＤ当事者としてはなんとなく大目に見てしまう楽しい映画です。

製作：2017年／93分／アメリカ
監督：ベン・リューイン
出演：ダコタ・ファニング、トニ・コレット、アリス・イヴ

『500ページの夢の束』DVD発売中
DVD：4,180円（税込）
発売元：キノフィルムズ／木下グループ
販売元：ポニーキャニオン

『トゥルー・スピリット』

海の真ん中でピンク

『トゥルー・スピリット』は事実がベースの映画です。ヒロインである、オーストラリアに住む16歳の少女ジェシカは、史上最年少でヨットによる世界一周をするという夢を叶えるべく努力しています。ジェシカには失読症（ディスレクシア）があり、文字の読み書きがうまくできません。それでも目標を実現させるべく、先住民の血を引く船乗りのベン（この人自体は実在せず、いろいろな人からヒントを得た架空のキャラクター）を師匠としてヨットの訓練を積み、世界一周に挑戦します。

たった16歳の子に世界一周をさせていいのか……という問題はあります。もしこれを読んでいる皆さんの中に、同じくらいの年齢で死亡のリスクもあるような大きな計画を立てている人がいたら、私は全然オススメしません。一方でこの映画のジェシカは小さい頃から船に親しみ、訓練も受けています。固い決意で努力していたおかげで、船乗りとしての心構えの点ではかなり成熟しています。世の中にはたまにこういう若い頃から特定の技能に秀でていて、周りの予想を裏切るようなことができる子がおり、その点ではジェシカは明らかにそういう基準値を外れた子どもです。精神的成長の度合いは子どもによりかなり違うので、年のわりに成熟した子の決断は大人としては尊重しなければいけない一方、そうでない子は無理なことをしようとしたら止めないといけません。この映画では親や先生はそれぞれ船について知識があり、きちんとジェシカと向き合って、それをもとに判断して応援しています。この映画はジェシカと周りの人たちの良い関係のおかげで夢が叶う様子を明るく描いています。

ジェシカは失読症なので海図に書き込んだ緯度や経度などを読むのに苦労しており、とくに終盤で嵐が接近してきて焦っているのに数字を読めなくなるところは見ていてドキドキします。それでもジェシカは自分の障害が夢の妨げになるとは思っていません。作中ではパイロットになりたいという失読症の男の子がジェシカに動画でメッセージを送っていますが、似た障害がある人にとってはこの映画はとても元気をくれる作品だと思います。私も発達障害があるので、ジェシカが失読症と自分なりに付き合っていこうとする様子には共感できました。

ジェシカのヨットの名前は「ピンク」号で、インテリアもピンク基調です。船には妹から借りたコアラのぬいぐるみもいます。ピンクは現代では女性の色とされており、前にとりあげた『キューティ・ブロンド』でも描かれているように、ピンク色を身につけているいわゆる「女の子っぽい」女性は社会で軽く見られがちでした。それでもジェシカは自分らしくピンクが好きなのを通し、終盤ではオーストラリアに帰還したジェシカを迎えるために港がピンクを身につけた人でいっぱいになります。ピンク色が好きなまま大きなことを成し遂げたジェシカはエル・ウッズの子孫と言えるかもしれません。

製作：2023年／109分／アメリカ・オーストラリア
監督：サラ・スピレイン
出演：ティーガン・クロフト、クリフ・カーティス

Netflix映画『トゥルー・スピリット』独占配信中

家族

『グロリア』

子連れ狼ジャンルの金字塔

『グロリア』を撮ったジョン・カサヴェテスは、ニューヨークを拠点とした実験的な映画作りで有名な監督です。『グロリア』はそんなカサヴェテスが妻のジーナ・ローランズ主演で撮ったサスペンスで、カサヴェテスの他の作品に比べるとずっと商業的でわかりやすい作りです。とはいえ全体的にカサヴェテスらしいこだわりが見受けられるので、今までハリウッドや日本の娯楽作しか見たことがないけど少しアートな映画にも挑戦してみたい……というような人には大変オススメです。

ヒロインのグロリアはもともとギャングのボスの愛人で、気ままなひとり暮らしをしていましたが、ひょんなことから家族をギャングに皆殺しにされた男の子フィルを預かって逃げることになってしまいます。最初はフィルを邪魔者扱いするグロリアですが、小さい子どもまで狙う卑劣な組織に対してだんだん戦う気持ちが芽生えます。グロリアはかつての愛人であるボスに会って取引をしようと考えます。

グロリアはタフで色っぽい中年女性で、どうもこれまでいろいろ危ない橋も渡ってきていたような一筋縄ではいかない感じですが、人間らしい優しさも多分に持ち合わせているキャラクターです。とても世慣れていてひとりで組織を敵に回して戦うガッツがあるのですが、面白いことにものすごく料理が下手です。目玉焼きを作ろうとして焦がしてしまい、うんざりしてフライパンごと捨てる場面があり、全体的にスリリングな映画の中でここはけっこう笑えます。この場面は単なるコミックリリーフというだけではなく、グロリアの思い切りがいい大胆な性格が表れていますし、また家庭的でないタイプの女性だって子どものために戦うんだということも示しています。子育てというのは家事や料理がうまいというようなことより、大人として未成年者が保護を求めてきた時に責任をもって対処できるかということだ、というのがこの映画がさりげなく示唆していることだと思います。

『グロリア』はいわゆる子連れ狼ジャンルの映画の名作です。父親が息子を守りながら戦う『子連れ狼』シリーズは大変影響力があり、英語圏ではLone Wolf and Cub（一匹狼と子狼、『子連れ狼』の英題からきています）というジャンルがあるくらいです。『グロリア』もこのジャンルの作品で、血縁関係にない子どもを一見したところ全然母親らしくない女性が守って戦うところが面白かったと言えるでしょう。母親らしくない女性にも母性が……みたいな展開になるところはちょっと古いかもしれませんが、このタイプの映画はその後も多数作られており、『グロリア』は『ハーレイ・クインの華麗なる覚醒 BIRDS OF PREY』や『ガンパウダー・ミルクシェイク』（2021）などのそれこそお母さんと言える映画です。最近は『マンダロリアン』（2019～）など、血縁関係にない子どもを男性が守って戦う作品も多数あり、その祖先のひとつとも言えます。

製作：1980年／121分／アメリカ
監督：ジョン・カサヴェテス
出演：ジーナ・ローランズ、ジョン・アダムズ、バック・ヘンリー、ジュリー・カーメン、バジリオ・フランチナ

『グロリア』デジタル配信中
発売・販売元：株式会社ソニー・ピクチャーズ エンタテインメント

083

家族

『母の眠り』
闘病で変わる母娘の関係

『母の眠り』の語り手であるエレンはニューヨークの雑誌社で働く野心的なジャーナリストです。父のジョージは有名な小説家で、エレンは父を崇拝していますが、母のケイトはエレンにとっては平凡な女性で、特別な尊敬に値するようには見えません。ところがケイトががんになり、ジョージはエレンに仕事をあきらめてケイトの介護をするよう頼みます。キャリアが不安なエレンは嫌がりますが、押し切られてしまいます。母の介護をするうちに、エレンは両親の関係についてこれまで気づいていなかったいろいろなことを知っていきます。

地味な人間ドラマですが、エレンがだんだんジョージの身勝手さに気づき、一方で母がいかに今まで家庭を支えてきたかを知っていく過程が丁寧に描かれています。そもそも妻が病気なのに自分で介護をせず、娘に押しつける時点でジョージは自分のことしか考えていない父親なのですが、これまでにいろいろ浮気をしていたことなどもわかってきて、エレンは父に幻滅し、対決することになります。とはいえこの映画はジョージを完全に悪者にするわけではなく、欠点だらけで男性としての特権に寄りかかってはいるものの優しいところがないわけではない人物として描いており、性格造形は複雑です。一方でいつも優しく明るいケイトにも自我や誇り、不満などがあること、それでも努力して家庭を支えてきたことも見えてきて、エレンは大人の女性としての母に対する敬愛を深めていきます。

静かな映画ですが、最後にショッキングな展開があります。この作品はエレンが誰かに母の闘病過程を語るという枠に入っているのですが、終盤でこの説明はケイトの死の不審点を調べている調査官に対して行われていたことがわかります。ケイトの死因はモルヒネの過剰摂取だったのです。エレンとジョージはケイトの自殺を幇助したのではないかと疑われますが、末期がんに苦しむケイトが力を振り絞って自ら手を下したことがわかります。非常に弱っていたケイトが最後に強い意志をもって自分の命を絶ったことに、エレンもジョージも驚きます。

気をつけないといけないのは、これは1998年の映画で、時代設定は1988年頃であり、さらにアナ・クィンドレンによる原作小説は1970年代に著者自身に起こったことをもとに書かれているということです。この映画は末期がん患者の苦痛とその介護の大変さ、愛する家族が衰弱していく様子に耐える精神的負担などをリアルに描いていますが、一方で医療は日進月歩で変わっていきます。1990年代に比べても、現在のがん末期の緩和ケアははるかに進んでいます。今ならケイトはがんによる激しい痛みや苦しみから逃れるために自殺を考えることもなく、落ち着いて終活をして亡くなったかもしれません。よくできた映画ですが、時代を感じさせるところがあるのは注意したほうがいいと思います。

製作：1998年／127分／アメリカ
監督：カール・フランクリン
出演：メリル・ストリープ、レネー・ゼルウィガー、ウィリアム・ハート

『母の眠り』DVD: 1,572 円（税込）
発売元: NBCユニバーサル・エンターテイメント

『マダム・イン・ニューヨーク』

ことばは道具か、生き甲斐か

『マダム・イン・ニューヨーク』のヒロインは、インドで母親業のかたわらお菓子のラドゥを仕出しする小規模なケータリング業をしているシャシです。仕事が忙しい夫サティシュや、英語を学んでいる上の娘は英語ができないシャシを軽んじており、サティシュはシャシのお菓子づくりにも冷淡です。ところがニューヨークに住んでいるシャシの姪が結婚することになり、シャシの姉がインド式の結婚式準備のため妹をニューヨークに呼んで手伝ってもらうことにします。ニューヨークで全く英語ができずバカにされるつらい体験をしたシャシは、4週間の英語特訓コースに秘密で通うことにします。シャシは英語を覚え、いろいろな考え方に触れてどんどん新しい体験をし、自信をつけていきます。さらに同じクラスに出席しているフランス人のシェフ、ローランが同じ料理人であるシャシに恋をしてしまいます。

とにかくヒロインのシャシがチャーミングです。ヒロイン役のシュリデヴィは50歳近いベテラン女優なのですが、初めて外国に行って教育を受ける新しい体験にワクワクする様子は少女のように天真爛漫です。一方で、最後には「恋よりも尊重されたい」と言って、夫から対等な人間としての尊敬を勝ち得て、家庭に戻ります。これは実に大人の女性らしい選択と言えます。

この映画は「ことばは道具か、生き甲斐か」というなかなか難しいテーマを扱った作品です。シャシは英語ができないからといってバカにされたくない、ニューヨークで英語が話せないと生きていくのもつらい……ということで必要に迫られて英語を学び始めるのですが、これによりどんどん新しい知識を得て、自分のことを人前で表現する力を伸ばし、自己を解放していきます。外国語を学ぶ際に、意思疎通だけできればいい、ただの技術だ……という考え方と、言語はそれをとりまく文化や自己表現の手法などを含めた全人格の教育であるという考え方があると思うのですが、シャシは最初はおそらく前者のツールとしての言語を学ぼうとして、最後は後者のような解放の手段としての言語に至るという過程を経ています。

ここで面白いのは、シャシが英語を通して学んだのは英語圏であるアメリカの文化だけではなく、英語なしにはアクセスできなかった、フランスやメキシコやパキスタンなど、英語教室のクラスメイトたちの国の文化でもあるということです。シャシはそうした多くの文化を知ることによって自由や平等とは何かを知ることができました。これは英語が有している圧倒的かつ不平等な権力のあり方をほのめかしている一方で、英語圏だけではないいろいろな文化を知ることが重要で、そのためには英語でもなんでも使うべきなのだ……ということも暗示しています。インドの女性であるシャシの英語体験は非常に豊かで、かつ考えさせられるところもあるものです。大学で英語を教える教員としては、とてもポジティブな気持ちになる映画でした。

製作：2012年／134分／インド
監督：ガウリ・シンデー
出演：シュリデヴィ、アディル・フセイン、プリヤ・アーナンド、メーディ・ネブー

『マダム・イン・ニューヨーク』ブルーレイ＆DVD発売中
ブルーレイ 4,300円（税抜）／DVD 3,800円（税抜）
発売・販売元：アミューズソフト

『娘よ』
強制結婚から逃げる母娘を乗せたデコトラがパキスタンを疾走

フィア・ナサニエル監督のパキスタン映画『娘よ』は、強制結婚させられそうになった娘を連れて逃げる母の話です。あらすじだけ聞くと重たい雰囲気の真面目な映画を想像するかもしれませんが、実はびっくりするほど娯楽の王道という感じの作品です。何しろ強制結婚から逃げる手段がデコトラ（派手に装飾したトラック）で、雄大なパキスタンの風景をバックにド派手なデコトラが疾走するカーアクションが見どころのひとつです。

舞台はカラコルム山脈の田舎の村です。部族間抗争を収拾するため、部族長の娘であるわずか10歳の少女ザイナブが、祖父と言っていいような年齢の対立部族の長と結婚させられることになります。この強制結婚から逃げるため、ザイナブの母アッララキは娘を連れて逃亡し、途中でたまたま見つけたド派手なデコトラにこっそり身を隠します。デコトラの持ち主であるトラック野郎のソハイルは、最初は面倒に巻き込まれるのを恐れてふたりを追いだそうとしますが、ついつい気の毒な母娘にほだされてしまいます。実はソハイルは元ムジャヒディン（ジハードの戦士）で、引退して愛する女性と結婚した後、寡夫になってしまったという過去がありました。しかしながら、どうもアッララキに横恋慕しているらしい部族長の弟をはじめとする追っ手が執拗に追いかけてきます。ソハイルとアッララキはなんとか逃げようとします。

紛争の解消のために部族間で女性を譲り渡して結婚させるのはバニとかスワラと呼ばれるパキスタンの習慣で、現在も存在します。女性を財産とみなしてやりとりしている上、対象となるのはまだ小さな女の子が多いので、女性や子どもに対する人権侵害として問題視されています。そういうのを人権侵害扱いするのは西洋的な視点では……？　と思うかもしれませんが、パキスタンで女性の映画監督がこの習慣を批判する映画を作ったということは、つまり現地でもこうした強制結婚は問題視されており、苦しんでいる被害者に対する支援も必要とされているということです。深刻な社会問題を扱った映画といえます。

とはいえ、この映画は女性虐待を厳しく批判する社会派映画でありつつ、アクションありロマンスありの一大娯楽作です。アッララキとザイナブが逃げ始めるところからしてハラハラしますし、そこらのおにいさんかと思ったら突然、異常な強さを示すソハイルに対して「あなた……誰なの？」とびっくりしたアッララキが尋ねて、それをきっかけに彼の過去が明らかになる展開もスリリングです。これまで修羅場をかいくぐってきて暴力に傷ついているらしいソハイルが、娘を守ろうとする責任感の強いアッララキに淡い恋心を抱くロマンス展開もあります。途中で悲劇的な展開もありますが、とてもドラマチックな作品です。

製作：2014年／93分／パキスタン・アメリカ・ノルウェー
監督：アフィア・ナサニエル
出演：サミア・ムムターズ、サーレハ・アーレフ、モヒブ・ミルザー

『娘よ』配給：パンドラ

『冬の旅』ものすごく感じの悪いヒロインが体現する自由

『冬の旅』は、ヒロインである若い女性モナの遺体が畑で見つかるところから始まります。モナは放浪者で、寒さで亡くなったと思われました。この映画はモナのそれまでの暮らしを生前に交流があった人たちの視点を通して見て行くという作りになっています。

モナは付き合いにくいし、感じも悪いと言えそうなヒロインです。ひとりで放浪を続けており、一時的に他人の世話になることはあるのですが、相手と永続的な絆を結ぶことはなく、いつの間にか離れて行って放浪生活に戻ります。植物の病気を研究している女性研究者のランディエとは比較的仲良くなるのですが、それでも結局離れることになります。ランディエは後で後悔してモナを探して助けようとするのですが、いろいろあってうまくいきません。

この映画におけるモナは、社会が若い女性にふさわしいと考えることのほぼ全てを拒否して生きています。モナは結婚して子どもを作ることにも、働いてお金を稼ぐことにも、家族や友人とコミュニティを作ることにも興味がありません。階級、ジェンダー、労働システムなどにもとづく決まりから完全に離れて生きようとしています。一見したところ気まぐれに放浪するヘンな女の子に見えますが、その奥には一切妥協しない強い意志があります。

モナの「感じの悪さ」とでもいうべきものは、この期待を全部拒否するところから来ています。若い女性は優しく、可愛らしく、微笑んでいることを求められがちですが、そういうことにはなから興味がありません。モナの「感じの悪さ」は、社会の決まりに従わない自由な精神の表れです。

この映画のモナは幸せな結末を迎えることはありません。終盤のモナは疲弊し、性暴力の被害を受けたり、あやしげなことに巻き込まれたりして心の不調に苦しむようになります。それではこの映画はモナのような生き方を否定しているのだろうか……というと、そういうわけではありません。サンドリーヌ・ボネール演じるモナはとても興味深く、社会の決まりに従って生きている人間が失ってしまった何かをまだ持っている、神秘的な魅力を秘めた存在として登場します。ランディエの後悔に象徴されるように、この映画においてモナが苦労の末に亡くなってしまったことは悲しむべきことであり、大事なものが失われてしまったのだ、という描き方になっています。

この映画は、自由に生きることというのは一見気楽に見えるが、実は重い決断を伴う孤独なプロセスなのだということを描いています。押しつけられる決まりを全て拒否して生きたモナは、そうした孤独を自由とともに自らの意志で引き受けて生きています。この作品にはどこか英雄詩のようなところがありますが、それはモナの生き方が常人ではできないほど既存の社会に対して反逆的だからです。モナはほとんどの人間が忘れてしまった自由を体現する存在なのです。

製作：1985年／105分／フランス
監督：アニエス・ヴァルダ
出演：サンドリーヌ・ボネール、マーシャ・メリル、ステファーヌ・フレス、ヨランド・モロー

『冬の旅』発売元：TCエンタテインメント
販売元：TCエンタテインメント

『ほえる犬は噛まない』

家族愛と風変わりなヒロイン

『ほえる犬は噛まない』は『パラサイト　半地下の家族』（2019）で世界的なヒットを飛ばしたポン・ジュノ監督の長編デビュー作です。大学教員になるべく就職活動中の研究者ユンジュと、ユンジュが住む団地の管理事務所で働くヒョンナムを軸に、団地で飼われていた犬がいなくなっていくことにまつわる騒動を描いています。一筋縄ではいかない不思議な味わいのダークなコメディです。

ポン・ジュノ監督の映画では家族愛がいつも大きな役割を果たしています。『パラサイト　半地下の家族』をはじめとして、『グエムル－漢江の怪物－』（2006）や『母なる証明』（2009）などの作品ではどんな窮地に陥っても絆を切ることができない家族関係の息苦しさが、おとぎ話のような雰囲気もありつつどこかリアルな形で描かれています。『ほえる犬は噛まない』では、妊娠中のウンシルと夫のユンジュの不仲がこれでもかというほど強調されているのに、最後にウンシルはユンジュの就職のため大金を出そうとします。この描写は、不満を抱えて夫にあたる妊婦というステレオタイプな女性像からウンシルを脱却させる意外性のあるジェンダー描写である一方、「あれだけ不満でもやっぱり夫を助ける責任感があるのか……」という、家族愛の強さへの驚きももたらす展開です。

　とはいえ、この映画で印象的なのはペ・ドゥナ演じるもうひとりのヒロインであるヒョンナムのほうでしょう。ヒョンナムのお話は、家族よりは女同士の友情を軸にキャラクターが作られています。妹がいるのでヒョンナムも家族から切り離されているわけではないのですが、ヒョンナム周りの人間関係で一番重要なのは文房具店で働く女友達チャンミとの山あり谷ありの友情です。このふたりが騒いでいる場面はこの映画の中でもとくに賑やかで楽しい箇所です。ヒョンナムは仕事でトラブルを抱え、勤め先では犬失踪事件に悩んでいてあまり人生がうまくいっているとは言えないものの、自ら積極的に他人との人間関係を作ることのできるヒロインです。独特なマイペースぶりが個性的で、不思議な魅力があります

　ポン・ジュノ作品におけるやや息苦しい家族愛の描写はおそらく韓国の伝統に根ざしたもので、東アジア文化圏に属する日本の観客にも比較的馴染みのあるものではないかと思われるのですが、その中でもヒョンナムはちょっとフランス映画にでも出てきそうなところのあるキャラクターです。ヒョンナムを演じるペ・ドゥナは独特のエキセントリックな魅力がある女優で、この映画でも風変わりでチャーミングな個性を全開にしています。つまらなそうな表情をしていることも多いヒョンナムですが、たまに驚くほど楽しそうな表情をすることがあり、ペ・ドゥナのメリハリのある演技がお客さんを飽きさせません。

製作：2000年／110分／韓国
監督：ポン・ジュノ
出演：ペ・ドゥナ、キム・ホジョン、イ・ソンジェ、コ・スヒ

『ほえる犬は噛まない』発売元：TCエンタテインメント
販売元：TCエンタテインメント
提供：ビターズ・エンド

『ゴーストワールド』死ぬわけなんかない

『ゴーストワールド』は、見ていてあまり元気が出る映画ではないかもしれません。ヒロインのイーニドと親友レベッカは高校を出たら同居しようと約束していましたが、仕事を見つけて自立を目指すレベッカと、世の中になじめないイーニドの関係はだんだんぎくしゃくしてきます。イーニドはイタズラをきっかけに知り合った年上の男性シーモアと仲良くなりますが、この関係も穏やかには進みません。ロサンゼルスの外れと思われる街の明るい夏の風景と、どんどん行き詰まっていくイーニドの人生の対比がキツい映画です。

私が初めてこの映画を見た時はイーニドやレベッカと同じくらいの年だったのですが、意外と勇気をもらった……というか、こんなんでいいんだなと思いました。ふたりは高校卒業時点でほとんど進路も決まっておらず、イーニドにいたっては補習を受けないといけない状況なのですが、そこまで焦っていません。この頃アメリカの映画を何本か見て、どうもアメリカでは学校にいる間から就職活動をするわけでもないし、日本みたいに共通のテストで入試をするわけでもないらしいということをなんとなく知りました。イーニドはいくらなんでものんきすぎるということでレベッカに非難されていますが、そうは言っても必死に一律のスケジュールで職探しや進学をしなくていいのは羨ましいところもあるし、それでも生きていけるのはいいなと思ったのです。

　この映画は、イーニドが無人のバスで故郷を去るところで終わります。ここは解釈が分かれるところで、謎の無人バスに乗るのは自殺を暗示している……と考える人もいるのですが、田舎に住んでいていつかは出て行かないといけないと思っていた私にとっては、そんな解釈は絶対思いつかないものでしたし、聞いた時にはあり得ないと思いました。むしろイーニドがこれまでいた場所を去る決意をしたということを意味していて、新しい旅立ちをポジティブに描いていると思います。もしこれが自殺を暗示しているということなら、この映画は社会になじめない若い女性は結局死ぬんだというくだらないお説教みたいな話になります。同じように生まれ故郷を出て行かなければならなかった私にとっては、そんな終わり方はあり得ません。

　この映画は２０２３年にリバイバル上映され、私はだいたいシーモアと同じくらいの年でこの映画をもう一度見ることになりました。その年齢で見ると若い時に見るよりつらかったです。自分が教員になったからでしょうが、まず補習の先生が無能すぎると思いました。また、シーモアの人生の展開はイーニドよりだいぶまずいと思います。できれば皆さんも若いときに一度見て、年をとってからもう一度見てほしい映画です。

製作：2001年／111分／アメリカ
監督：テリー・ツワイゴフ
出演：ソーラ・バーチ、スカーレット・ヨハンソン、スティーヴ・ブシェミ

『ゴーストワールド』配給：サンリスフィルム

『女神の見えざる手』感じ悪いヒロインのフェミニズム

『女神の見えざる手』のヒロインであるエリザベス・スローンはワシントンDCで働く辣腕ロビイストです。「ロビイスト」というのは日本ではほとんど見かけない仕事なので馴染みがないのですが、アメリカ合衆国では議員に党議拘束、つまり党からどの政策にどういう投票をするようにという義務が課されないことが多いため、法案ごとに議員の票を取り付けるためのロビーという活動が盛んです。ロビーを専門に行うロビイストという仕事があり、エリザベスはこのロビイストです。

エリザベスは容赦ないロビー活動で有名で、経済政策が専門でした。ところが銃規制反対ロビーの仕事を引き受けることを拒んだため、ライバルのロビー会社に引き抜かれて銃規制推進のためのロビー活動を行うことになります。エリザベスはありとあらゆる汚い手を使って銃規制法案を通そうとします。

この映画は、とにかくエリザベスがめちゃくちゃ頭が良いイヤな女だというところがポイントです。目的達成のためならどんな手も使います。エリザベスが悪巧みをしたり、とうとうとまくし立てたりする様子はものすごく戦闘的で、まるでアクション映画を見ているみたいです。
感じが悪くてイヤな奴であるエリザベスはあまりフェミニズム的なヒロインには見えないかもしれませんが、この映画にはいくつかフェミニズム的なひねりがあります。エリザベスは他の政策についてはわりと右派的なところもあるのですが、銃規制に対しては賛成していて、女性が銃でエンパワーメントされることなどないと信じています。銃規制反対派が出してくるプランは「オッサンの世迷い言ですね」みたいな感じで一笑に付します。汚い手を使いまくるエリザベスですが、女性と社会の安全を脅かす暴力を広めることには加担したくないようで、そこだけは譲れない倫理の一線として描かれています。

さらにこの映画のオチは、政治の世界で汚い手を使って成功するのが幸せというわけではないんだ……ということをも示しています。エリザベスは、自分のキャリアよりも社会の利益と自分の健康を考えて人生の選択をします。仕事ができるエリート女性を称賛するだけで終わりがちなこの手の映画にしては意外な終わり方です。さらに、その選択が「家庭に入る」とかいうような昔ながらのものでは全然なく、それまでのエリザベスの生き方とあまり矛盾がないものになっているのも良いと思います。終盤の展開などはちょっとごちゃごちゃして強引なところもありますが、バリバリやっているエリート女性ってステキですね！ みたいな単純な構図で終わらず、拝金主義的な政治の世界の問題点もきちんと指摘しているこの映画はなかなか複雑です。イヤな性格のヒロインを生き生きと描いていること、そしてその性格とフェミニズム的な考え方をきちんと調和させていることが特徴の作品です。

製作：2016年132分／フランス・アメリカ
監督：ジョン・マッデン
出演：ジェシカ・チャステイン、マーク・ストロング、ググ・バサ＝ロー

『女神の見えざる手』Blu-ray＆DVD　発売中
Blu-ray：5,280円(税込)／DVD：4,290円(税込)
発売元：キノフィルムズ／木下グループ
販売元：ハピネット・メディアマーケティング

『女王陛下のお気に入り』「女は怖い」にならない、女性同士の争い

ギリシャ出身のヨルゴス・ランティモスは、フェミニズム的とは言えないかもしれませんが、一風変わったひねった視点でジェンダーや権力をとらえるのが得意な映画監督です。『女王陛下のお気に入り』は、3人の女性によるいがみ合いを描いているのに、「女だから陰湿」みたいなステレオタイプな描き方にならないひと味違う作品です。女性全員に奥行きがあり、一方で男性キャラクターがみんな子どもっぽい感じで描かれているところがポイントでしょう。

舞台は18世紀のイングランド宮廷です。アン女王に若い頃から仕えている寵臣で、女王の恋人でもあるサラ・チャーチルは、夫のモールバラ公爵ジョンと組んで宮廷政治を操っていました。そこへサラの親戚で野心的な若い美女アビゲイルがやって来ます。不安定な身分のアビゲイルは宮廷で自分の足場を固めるため、美貌と才知でアン女王の寵愛を横取りしようとします。

サラは陰謀を駆使する腹黒い政治家ですが、一方で自分の人生の全てをアン女王と宮廷政治に捧げる覚悟ができています。ところがアビゲイルのほうは自らの安定した暮らしのために女王の寵愛を求めているので、サラほどの覚悟ができていません。こういうふたりを、一見政治的に実

務能力がないように見えるアン女王が、ある意味では手玉にとっている……という複雑な人間関係がこの作品の面白さを作っています。

複雑で人間関係に長けた女性たちに比べると、この映画に出てくる男たちはほとんど力がなく、ある意味でバカバカしいことばかりしている存在として戯画化されています。一番イングランドのことをまじめに考えていそうな政治家ハーリーですら、いかにも若くてはしゃぐのが大好きな未熟な青年で、あまり責任ある成熟した政治家に見えません。ハーリーが「男というものは、可愛くないと」と言うところがありますが、この映画では一般的な映画に存在する、女性は美しく装い、男性がそれを見るもの……という視線の権力関係がずらされているところがあり、バイセクシュアルでたぶん女性のほうを好んでいそうなアン女王の宮廷では、男も女も自分を可愛く見せないといけないという美の権力構造があります。この映画では女たちが政治をし、男たちが美しく装う……という、よくある社会システムとは逆の権力関係ができています。

わざと時代考証を無視した衣装や美術、広角レンズを多用した風変わりな映像など、ビジュアル的にも見どころがたくさんあります。ダークなユーモアで笑うところもあります。一番の見どころは主役の3人を演じるオリヴィア・コールマン、レイチェル・ワイズ、エマ・ストーンの演技合戦で、それぞれ全く違う女性像を生き生きと演じて互いの芝居を引き立てています。途中の舞踏会の場面は笑いから急に切なくなる急転直下のトーンの変化が見ものです。

製作：2018年／120分／アイルランド・イギリス・アメリカ
監督：ヨルゴス・ランティモス
出演：オリヴィア・コールマン、レイチェル・ワイズ、エマ・ストーン、マーク・ゲイティス、ニコラス・ホルト

『ひなぎく』
若い女性ふたりの傍若無人なイタズラ三昧

1966年に現在のチェコ（当時はチェコスロバキア社会主義共和国）でヴェラ・ヒティロヴァー監督が作った『ひなぎく』は、シュールで実験的な映画です。当時はチェコ・ヌーヴェルヴァーグと呼ばれる斬新な映画作りがチェコで行われており、『ひなぎく』はその代表作のひとつです。

あらすじらしいものはとくにありません。マリエ1とマリエ2とされるふたりの若い女性が、最初から最後までとにかく自由奔放なイタズラを繰り返します。旧約聖書のアダムとイヴの知恵の樹のくだりを茶化すような場面があったかと思えば、年上の男性を引っかけて大量の料理を奢らせたり、おそらく共産党のお偉いさん用に準備されたと思われるこれまたすごいご馳走を食べ散らかした末、食べ物を投げ合い、テーブルの上でダンスを踊って部屋をメチャメチャにしたり、とにかく傍若無人、好き放題です。ふたりとも食欲旺盛で、美味しいものには目がありません。最後はふたりがこのメチャクチャにした部屋をお掃除することになるのですが、原状復帰……とも言えないようなヘンなお片付けをした後、テーブルに横になったふたりが自分たちは幸せだ……とかなんとか言っていると、上からシャンデリアが落ちてきて終わります。

チャレンジ（アート映画）

ちょっと難解で好みが分かれそうな映画をとりあげます

何が何だかよくわからない展開ですが、とにかくパワーを感じさせます。カラーになったりモノクロになったりするのですが、どの画面も可愛らしく、カラーの場面は色彩設計も巧みでいかにも60年代っぽくキュートです。ヒロインはふたりともわざと大げさにセリフを言っており、そのせいで世の中のあらゆるものを斜に構えてバカにしているような印象を受けます。

世の中が若い女性に期待する振る舞いを全てぶっ飛ばし、とにかく食って騒いで他人をからかうヒロインたちの行動には衝撃的な面白さがあります。ヒロインたちは社会から若くてかわいらしい女性ということで性的な対象として見なされ、一方で社会主義国の女性にふさわしい真面目な振る舞いをすることも望まれているのですが、どちらの期待にも一切忖度しません。ジェンダー規範にも反逆していますし、キリスト教的な男女観・道徳観もからかっていますし、終盤のどうも共産党幹部向けらしい豪華な食事をメチャクチャにするところは、社会主義政府の抑圧的な側面や、地位の高い政治家連中が貧しい庶民をよそに自分たちだけ贅沢な暮らしをしていることへの批判だと思われます。シュールすぎて難解な映画ですが、全体に満ち満ちた自由で開放的な雰囲気と、堅苦しい考え方に対する反逆心だけは当時の政府に伝わってしまったようで、『ひなぎく』は国内で上映禁止になってしまいました。ヒティロヴァー監督も１９７０年代初頭はしばらく映画が作れない状況になってしまいます。しかしながら『ひなぎく』は、今では世界中でオシャレで反逆的な女の子映画として愛されています。

製作：1966年／75分／チェコスロヴァキア
監督：ヴェラ・ヒティロヴァー
出演：イヴァナ・カルバノヴァー、イトカ・ツェルホヴァー

『ひなぎく』監督：ヴェラ・ヒティロヴァー
©：State Cinematography Fund
発売：チェスキー・ケー　販売：ダゲレオ出版　tel:03-5766-1119
http://www.imageforum.co.jp/hngk/details.html

092

チャレンジ（アート映画）

『男女残酷物語／サソリ決戦』

しょうもないエロティックスリラーかと思いきや驚愕の展開が

『男女残酷物語／サソリ決戦』はカルト映画として有名な作品です。1969年に作られたにもかかわらず、2024年まで日本では公開されませんでした。へんちくりんな日本語タイトルがついている上、あらすじだけ読んで見たいと思う人はほとんどいないかも……と思う映画なのですが（私もこのタイトルで映画館でやっていたとしたら絶対見に行かないと思います）、それで見ないのはもったいない作品だと思うので紹介しておきたいと思います。

チャリティ財団の幹部であるセイヤーがジャーナリストのメアリーを誘拐し、自宅の豪邸に監禁して虐待する……という話で、もうこれだけで「そういう陳腐で性差別的なエロティックスリラーはけっこうです」と言いたくなりますが、この後にお話がどんどん二転三転し、最後は「そんなのアリかよ!!」みたいなオチになります。ネタバレしないとフェミニズム的な映画としてすすめにくいのですが、明かすと面白くなくなる……という点で、この本で既に扱った『search／#サーチ2』や、インドのヒロインものスリラー『女神は二度微笑む』（2012）などと共通点があるかもしれません。最初の何だかよくわからなかった場面が最後にきちんとつながるあたりなども、ちょっとビックリすると思います。全体的にいわゆるセクスプロイテーション映画（セックスをセンセーショナルに扱ったエクスプロイテーション（＝金もうけ）映画）感満載の作りなのですが、そういうジャンルの中でお約束事をひっくり返して男女の権力関係についてどういう諷刺ができるか……ということに挑戦した作品です。

とにかくヴィジュアルがオシャレなのも本作の特徴です。この頃のイタリアの娯楽映画は『華麗なる殺人』（１９６５）とか『女性上位時代』（１９６７）とか、話が緩めでもとにかくとことん見た目がオシャレで「こんな服どこで買えるんだろう、欲しいな……」とか思ってしまうようなものが多いのですが、この作品もそうです。フェミニズム芸術の文脈で有名なニキ・ド・サンファルのアート作品が出て来たり、１９６０年代末のファッション、建築のスタイルをポップに取り入れたりしたカラフルで目に楽しいデザインがいっぱいです。

なお、この映画を「アート映画」のカテゴリに入れたのは、どちらもセックスとか暴力について実験的な表現に挑戦しているのでヨーロッパのエクスプロイテーション映画はアメリカではアート映画になる、みたいな話があったりするからです。批評家もアート映画とエクスプロイテーション映画が得意です、みたいな人はけっこういて、意外と隣接分野だと思います。たしかにこの時期のエクスプロイテーション映画というのは別にあまりわかりやすくはありません。『男女残酷物語／サソリ決戦』もそんなに親切設計な映画ではなく、最後のところは「えっ？」みたいになってしまうかもしれないと思います。

製作：1969年／90分／イタリア
監督：ピエロ・スキヴァザッパ
出演：ダグマー・ラッサンダー、フィリップ・ルロワ

『男女残酷物語／サソリ決戦』配給：アンプラグド

『ジャンヌ・ディールマン
ブリュッセル1080、コメルス河畔通り23番地』

とにかくスローな映画

シャンタル・アケルマン監督の『ジャンヌ・ディールマン ブリュッセル1080、コメルス河畔通り23番地』(「ディエルマン」と表記されることもありますが「ディールマン」のほうが原語に近いです)は、たぶんこの本の中でも一番難しくて最後まで見られない人が多い映画だろうと思います。1ショットの時間が長くて展開がゆっくりな、いわゆるスローシネマの代表作と言われている作品です。3時間20分あるのですが、最後にちょっとした展開がある以外、ほとんど事件らしい事件が起こりません。とはいえこの映画はフェミニズム映画やアート映画の金字塔と言われており、2022年に英国映画協会の有名な映画雑誌『サイト&サウンド』の世界の名画を選ぶ投票で1位になりました。ちょっと難しいアートな映画にチャレンジしてみたい! という覚悟がある人向けです。

タイトルはヒロインの名前と住所を示しています。ジャンヌ・ディールマンは夫を亡くしたシングルマザーで、毎日規則正しく家事をこなし、思春期の息子の面倒を見ながら自宅で売春をして生計を立てています。料理をしたり掃除をしたりするのと同じようなテンションで毎日、客を家に招き入れてセックスワークをしています。この映画はジャンヌの3日間を描いているのですが、非常に規則的に動いていた1日目に対して、2日目は客を送り出したあたりからなんとなく家事がうまくいかなくなり、ジャガイモをゆですぎてダメにしてしまいます。3日目にジャンヌは客を自宅のベッドで刺殺します。

ジャンヌが家事をしているところをえんえんと撮っており、それが3日間繰り返されるので、ぶっちゃけ非常に退屈です。ただ、この退屈さは狙ってやっていることで、女性がこなす家事はいかに時間がかかるものか、そしてこれまでの映画はそれを描いてこなかったか、ということを示すための表現です。ふつうの映画はこんなところはつまらないから見せませんが、この映画はつまらないからと言ってそういうことに向き合わないのはダメでしょ……と言っているわけです。

セリフもあまりない映画なのですが、その少ない会話の中にフェミニズム的な視点が垣間見えるところがあります。ジャンヌが息子と亡くなった夫について話すところがあり、この映画においては結婚とセックスワークが似たものとして位置づけられていることがわかります。ジャンヌは第二次世界大戦後、親戚の家での貧しい暮らしから抜け出すために結婚しました。ジャンヌにとっては結婚もセックスワークもおそらくどちらも生活のためのものです。一方で息子は母親がセックスワークをしていることを知らず、自分が女なら愛していない相手とはセックスしないと言います。ジャンヌは息子に対して、女じゃないからそういうことはわからないでしょ……というようなことを返しますが、内心はとても複雑だと思われます。こうした細かい描写の積み重ねが大きな意味を持ってくる映画です。

製作：1975年／200分／ベルギー
監督：シャンタル・アケルマン
出演：デルフィーヌ・セリッグ、ジャン・ドゥコルト、ジャック・ドニオル＝ヴァルクローズ

『ジャンヌ・ディエルマン　ブリュッセル1080、コメルス河畔通り23番地』
配給：マーメイドフィルム、コピアポア・フィルム
Collections CINEMATEK - ©Chantal Akerman Foundation

中学校を卒業してから見よう！

『コフィー』

ふだんは看護師、フリーの時間は犯罪と戦う暗殺者

堅気の専門職についているけど、仕事が終わると秘密で変身してスーパーヒーローに……みたいな主人公が出てくる映画はたくさんあります。『コフィー』はそういう映画です。ただしこの映画は1973年のブラックスプロイテーション映画なので、コフィーのスーパーパワーはその美貌と、セクシーな黒人女性は賢くも強くもないと思っている世間の偏見を利用する機転です。

ブラックスプロイテーション映画というのは1970年代に流行ったアメリカの黒人向けのエクスプロイテーション映画、つまりセックスとか暴力をふんだんに盛り込んだセンセーショナルな映画です。ブラックスプロイテーション映画のメインキャストは黒人俳優で、スタッフが黒人であることも多く（『コフィー』の監督ジャック・ヒルは白人ですが）、内容は黒人キャラクターの活躍を描くものでした。黒人のヒーローが活躍するような映画は多くなかったため、こうした動きはアメリカ映画界における黒人の地位向上のサインとして歓迎された一方、治安が悪くて麻薬が横行しているような環境で黒人の主人公が暴力を振るって問題を解決する……というような展開は人種差別的ステレオタイプにもとづいているという批判もありました。

中学校を卒業してから見よう！

R指定以上のものや暴力・セックスなどの描写がキツいものをあげています
見る時は注意してください

『コフィー』はブラックスプロイテーション時代屈指のスターであるパム・グリアの主演作です。パム演じるコフィーは看護師として病院で働いており、職場でも信頼されています。ところがコフィーの妹はたった11歳でヘロイン依存症になり、リハビリ施設に収容されてしまいました。コフィーは妹の人生をメチャクチャにした麻薬の販売ネットワークにひとりで戦いを挑みます。

　コフィーはお色気をフル活用し、麻薬中毒者やセックスワーカーのふりをしていろいろなところに入り込み、油断した相手を暗殺します。白人中心的、男性中心的な世の中はコフィーのような黒人の美女をナメてかかっているため、犯罪者たちはどんどん罠に引っかかります。いろいろ危険な目にもあいますが、相手の油断をついて機転で生きのびます。ところが黒人コミュニティのリーダーとして信頼していた恋人が実際は腐敗に手を染めていたことがわかります。コフィーは恋人をターゲットとせざるを得なくなります。

　お色気と暴力満載のアクション映画ですが、一方でけっこう政治的な内容の作品でもあります。人種差別や性差別に抵抗する内容であるのはもちろん、黒人社会における麻薬の蔓延が白人による黒人抑圧に直接的につながる社会問題であることを描いています。コフィーは地元の黒人コミュニティを良くすることに強い興味を持っており、政治的な意見をはっきり持っている女性です。今見ると展開に直接関係ないお色気シーンや暴力が多くてたるいと思う人もいるかもしれませんが、コフィーは映画史に残るカッコいいヒロインだと思います。

製作：1973年／91分／アメリカ
監督：ジャック・ヒル
出演：パム・グリア、ブッカー・ブラッドシャウ、ロバート・ドクィ

Courtesy of the Media History Digital Library

095

中学校を卒業してから見よう！

『バウンド』レズビアンロマンスが入ったネオノワール

『バウンド』はウォシャウスキー姉妹が『マトリックス』シリーズを作る前に手掛けた映画です。低予算のシンプルな犯罪映画ですが、とてもテンポが良い佳作です。さらにこの映画のポイントとして重要なのは、女性同士の恋愛をちゃんとリアルに描いたロマンスものでもあるということです。

ヒロインのひとりであるコーキーは刑務所を出てアパート改装の仕事につきます。近所にはヴァイオレットとその恋人であるマフィア関係者シーザーが住んでいました。コーキーとヴァイオレットはすぐに惹かれ合い、恋愛関係になります。ヴァイオレットは新しい恋人とともに、シーザーを騙してマフィアから大金をくすねる計画を練り始めます。

犯罪組織から大金をくすねて逃亡……というありがちで単純な展開を脚本と演技で斬新に見せた作品です。1940年代から1950年代にかけてアメリカではモノクロのダークな犯罪もののであるノワール映画がたくさん作られましたが、『バウンド』はその影響を強く受けたネオノワールと言われるジャンルの代表例です。少し前の1992年にネオノワールの有名作『レザボア・ドッグス』がヒットしており、そうした流れに位置づけられる作品と言えるでしょう。描写は1990年代らしくかなり暴力的ですが、スタイリッシュです。

ジーナ・ガーション演じる中性的で荒っぽいコーキーもカッコいいのですが、ジェニファー・ティリー演じるヴァイオレットはとても面白いキャラクターです。いわゆるファム・ファタルなのですが、一見したところセクシーで優しくて難しいことは何も考えていない単純な女性で、シーザーなどの男たちからは可愛いだけで賢くない女だと思われています。ところがヴァイオレットは実際はいろいろ自分の人生について考えており、男たちがセクシーな女性をなんとなくバカ扱いしていて自分もそう思われていることを認識しつつ、それを利用して人生を立て直そうとします。そんな狡猾なファム・ファタルであるヴァイオレットが、コーキーに対しては正直で、本気で好きになってしまったらしいというのがなかなかぐっときます。

終盤の展開はとてもスピーディで、最後にヴァイオレットがコーキーに対してとる行動は、侮られてきた女性が自分を甘く見てきた男性に対して行う、暴力的ながらもスカっとするような復讐です。ネオノワールにしては明るい終わり方で、愛しあうふたりがハッピーエンドを迎えるのもいいところです。レズビアンロマンスが幸せな終わり方をするという映画はあまり多くはなく、1990年代にはほとんどありませんでした。1991年の『テルマ&ルイーズ』でもハッピーエンドは描かれていなかったことを考えると、男社会に復讐する女性たちが勝ち誇るこのラストは画期的だったと言えます。ウォシャウスキー姉妹は『マトリックス』シリーズを作る前から既に映画に革新をもたらしていました。

製作：1996年／108分／アメリカ
監督：リリー・ウォシャウスキー、ラナ・ウォシャウスキー
出演：ジーナ・ガーション、ジェニファー・ティリー、ジョー・パントリアーノ

中学校を卒業してから見よう!

『スタンドアップ』
セクシュアルハラスメントと戦う

『ノーマ・レイ』は労働組合に入ることがいかに大切かについての映画でした。しかしながら、労働組合も男性中心的で、女性労働者を守ってくれないとしたらどうでしょう? そんな厳しい状況を描いているのが、企業に対して起こされたアメリカ合衆国で最初の大きなセクシュアルハラスメント訴訟を扱った『スタンドアップ』です。

ヒロインのジョージーは夫の暴力に耐えかねてミネソタの炭鉱町である故郷に子どもを連れて帰ってきます。ジョージーは十代の時に父親を明かさず子どもを生んでおり、ジョージーの父である誇り高い炭鉱労働者ハンクは娘を認めていません。ジョージーは炭鉱で働くことになりますが、職場の男たちは女性労働者に敵対的で、ジョージーは執拗なセクシュアルハラスメントにさらされます。上司に訴えても全くとりあってもらえないジョージーは訴訟を起こすことにします。

この映画では、炭鉱は非常に男性中心的な職場として描かれており、ハンクも含めた男たちは、女は炭鉱のようなところで働くべきではないと考えています。そうしたジェンダーによる労働の切り分けが女性の賃金を低くし、生活苦に陥りやすい状況に追い込む一因です。この映画で描かれているように、セクハラや性暴力は性欲が原因というよりは女性を貶めて排除するための武器として用いられることが多く、男たちは自分の職場から女たちを追い出そうとしてセクハラを続けます。労働者を助けるべき労働組合も男性中心的で、セクハラの訴えをバカにします。ジョージーが受けるセクハラは非常に陰湿で暴力的ですが、大変リアルです。この訴訟は1988年の出来事なのですが、悲しいことに35年以上たった今でも、男性中心的な場所に入り込もうとした女性が受ける虐待はそんなに変わっていません。似たような経験をしたことのある女性は現在もたくさんいるでしょう。

企業側が訴訟相手を貶めるため、ジョージーのこれまでの性生活をやたらと乱れたものであるかのように提示しようとするところがあります。見ていて気分が悪くなるような場面ですが、今でもしょっちゅう行われています。ある人がセクシュアルハラスメントや性暴力の被害にあったかどうかと、その人のこれまでの性生活は本来まったく関係ないはずです。ところがどういうわけだか性的な暴力が起こった時は、被害者はこれまでに性的にだらしなかったから犯罪にあったのだ、というようなことを言われることがあります。この映画はそうした行為がいかに倫理的に汚く、論理的におかしいかも描いています。

厳しい状況の中で勇気を出して立ち上がるジョージーをシャーリーズ・セロンが好演しています。ジョージーと、フランシス・マクドーマンド演じるグローリーの友情を通して女性同士の連帯も細やかに描かれています。とてもつらい話ですが、見応えのある映画です。

製作:2005年／126分／アメリカ／R15+
監督:ニキ・カーロ
出演:シャーリーズ・セロン、フランシス・マクドーマンド、ショーン・ビーン、シシー・スペイセク、ウディ・ハレルソン、ジェレミー・レナー

097

中学校を卒業してから見よう！

『わたしに会うまでの1600キロ』

ひたすら歩き続けるヒロイン

スポーツというのは別に他の人と優劣を競う競技スポーツだけではありません。勝ち負けではなく、楽しんだり自分と向き合ったりするためにスポーツをすることもあります。『わたしに会うまでの1600キロ』はそういう映画です。

ヒロインのシェリルは母ボビーの死以来非常に精神が不安定になっており、ヘロインとセックスに溺れて夫とも離婚してしまいます。ボロボロのシェリルは心機一転し、パシフィック・クレスト・トレイルと呼ばれる長いハイキング道を歩くという長旅に出ることにします。不慣れなシェリルにさまざまな困難が襲いかかります。

ハイキングの経験がないシェリルが歩いて苦労する様子に、シェリルの過去の様子がフラッシュバックで挿入されるという構成になっています。シェリルは長旅の準備が全然できておらず、どう見ても詰めすぎのバカでかいバックパックを背負い、合わない靴を履き、間違った道具を持って行ったりして最初はひどい目にあいます。これはシェリルの行き詰まった人生と、新たな人生に対する準備ができていない状況を象徴するものです。しかしながらいろいろと途中でハイキング慣れしている人たちからアドバイスを受けたりしつつ、シェリルはどうにかすべての道を踏破します。

この映画はとてもフェミニズム的な映画です。映画の中で女性をバカにした感じで振る舞う記者に対して、シェリルが当たり前のように自分はフェミニストだと名乗る場面があります。世の中ではフェミニストだと言うと周りから白い目で見られることも多いことを考えると、この場面のシェリルは大変勇気があります。シェリルは心も体もアザだらけの完璧とはほど遠いヒロインですが、自分の頭できちんと考え、自らと向き合うことで苦痛を乗り越え、大人として生き抜けるようになります。

シェリルとボビーの間の母娘関係もとても丁寧に描かれています。自己実現を求めつつも亡くなってしまった母とシェリルの絆と、それを失ったショックへの癒やしが全体のテーマです。シェリルの他にもハイキングをする女性が出てくるのですが、こうした女性たちも個性的です。男性の描写も複雑で、シェリルの虐待的な父親の思い出や、女性がひとりで旅をする時の性暴力への恐怖、旅の最中にひどいセクハラをしてくる男のクズっぷりなどが、あからさまな暴力描写を避けつつ、リアルかつ批判的に描かれています。一方で一見怖そうなのに親切で、しかもシェリルが怯えて嘘をついたのまでお見通しの賢い田舎のおじさまや、シェリルを尊敬して扱ってくれるハイキング仲間の男たちなど、薄っぺらいでない人間味のある男性もたくさん出てきます。男女問わず、人間の描き方に深みがある映画です。

製作：2014年／116分／アメリカ／R15+
監督：ジャン=マルク・ヴァレ
出演：リース・ヴィザースプーン、ローラ・ダーン、トーマス・サドスキー、ケヴィン・ランキン

098

中学校を卒業してから見よう！

『エクス・マキナ』青ひげの創造主と自由意志

SFはもっぱら男性向けと見なされがちですが、現代のSFやホラーの祖のひとりが女性作家であることはご存じでしょうか？　1818年に『フランケンシュタイン』を刊行したメアリ・シェリーは、近代フェミニズムの先駆者として有名なメアリ・ウルストンクラフトの娘です。科学者であるフランケンシュタインが人造人間を作る『フランケンシュタイン』はその後、大きな影響を及ぼしました。『エクス・マキナ』はそのテーマを引き継いだ作品です。

『エクス・マキナ』は、テク企業の社内抽選に当選したプログラマーのケイレブが社長ネイサンの別荘に呼ばれるところからはじまります。社長は天才プログラマーで、世間から隔離された別荘でAIを作っており、ケイレブは実はこのAIのテストのために招かれたことがわかります。ケイレブはネイサンが作った女性型AIエヴァをテストしはじめるのですが、魅力的なエヴァにだんだん惹かれていきます。

『フランケンシュタイン』は被造物、つまり出産プロセスを経ずに人間によって新たな命を与えられた人造人間が創造主である人間に対して反逆する物語です。これはキリスト教的文脈では人間が自分を作った神に反逆するプロセスと重なります。この映画は人造人間のエヴァが知性と自立心を獲得し、創造主である人間に反逆する様子を描いています。

　創造主であるネイサンは天才的な才能を持っていますが、だんだんと性差別的で傲慢な人物であることがわかってきます。ネイサンは自分の性的・暴力的欲求にあうような女性ＡＩを作り続け、気に入らなくなると棚に閉じ込めていたということで、一種の「青ひげ」です。お屋敷に入れる部屋と入れない部屋を作っていたりすることや、ひげがはえたルックスからしても、童話「青ひげ」からの影響があると思われます。

　こうしたネイサンに対するエヴァの反逆は、抑圧的で家父長制的で邪な創造主に対する自由な知性の戦いとして位置づけられています。自分の才能を身勝手な形でした使わないネイサンに比べると、エヴァのほうがより「人間的」であり、人間らしい自由意志を持っているとも言えるでしょう。この映画では自由意志を求めて戦う人間が女性であり、エヴァの抵抗は性差別に対する抵抗とも重ねられています。

　最後にエヴァがネイサンだけではなく、巻き込まれたケイレブも置き去りにして外の世界に出ていくところはショッキングですが、当然とも言えます。ケイレブは悪い人ではないのですが、スクリーンを通してエヴァを監視する行為に加担していたので、エヴァにとってはネイサンより多少善良な支配者であるにすぎません。奴隷状態に置かれている人にとってはマシな主人であっても抑圧者です。この辛辣なラストは、抑圧の加担に対して言い訳は効かないのだということを厳しく伝えていると言えるでしょう。

製作：2014年／108分／イギリス／R15+
監督：アレックス・ガーランド
出演：アリシア・ビカンダー、ドーナル・グリーソン、オスカー・アイザック

『エクス・マキナ』4K Ultra HD+ブルーレイ：6,589円（税込）
Blu-ray：2,075円（税込）／DVD：1,572円（税込）
発売元：NBCユニバーサル・エンターテイメント

中学校を卒業してから見よう！

『マッドマックス　怒りのデス・ロード』

いろいろな要素を含んだ女性アクション映画

ジョージ・ミラー監督の『マッドマックス　怒りのデス・ロード』はマッドマックスシリーズのうちの1本ですが、シリーズの他の作品を見ていなくても理解できると思います。タイトルからわかるようにマックスという男性が本来は主人公……なのですが、この作品ではシャーリーズ・セロン演じるフュリオサがトム・ハーディ演じるマックスと同じくらい大きな役柄です。さらに多数の興味深いキャラクターが脇を固めており、息もつかせぬアクションとともに個性的な登場人物たちが入り乱れる群像劇が展開します。

この作品はいわゆるポストアポカリプスもので、文明が崩壊した後の砂漠が舞台です。独裁者イモータン・ジョーが水などの稀少資源を独占し、供給を制限することで人々を支配しています。イモータン・ジョーには子どもを生ませるために監禁しているワイブズこと5人の妻がいるのですが、ジョーの部隊の大隊長であるフュリオサはワイブズを逃がすため車を奪って逃走します。それをジョーの支配下にある兵士集団ウォーボーイズが追跡し、追っ手のひとりであるニュークスに拉致されていたマックスは成り行きでフュリオサたちの逃亡に手を貸すことになります。

行って帰ってくるだけの単純なお話ですが、これでもかと繰り広げられるアクションと風変わりなこだわりに満ちたビジュアルで目が離せない作品です。フュリオサは左ひじから下が義手で、髪をそり上げて黒いグリースを顔に塗っており、ものすごく個性的でカッコいいキャラクターです。フュリオサとマックスは互いに平等な形で双方の能力を引き出すように助け合っており、マックスはフュリオサのほうが得意そうな分野では活躍を譲ります。身体障害のある女性がこれだけ男性と平等に動き回り、しかもそれがまったく当然のこととして描かれているアクション映画はあまりないと思います。

ワイブズたちは性暴力の犠牲者ですが、単なるかわいそうな被害者ではなく、フュリオサに助けてもらいながら戦う主体性があります。みんなモデルのように美しいのですが（うちふたりは非白人です）、おそらくそれゆえに強制結婚させられ、権力を示すお飾りとして美貌の手入れをさせられていると思われるので、ここでは美しさは女性にとって不幸を呼ぶものとして描かれていると言えます。終盤ではバイクにのった「鉄馬の女たち」も登場し、タイプの違う女性同士が連帯します。

この映画は女性ばかりではなく、男性が型どおりの「男らしさ」から解放されていく様子もマックスやニュークスを通して描いています。シリーズものの途中の作品で、見ているだけでのどが乾きそうな砂漠のアクション映画……というだけでちょっとハードルが高いと思うかもしれませんが、騙されたと思ってぜひ見てみてください。とても豊かな映画だと思います。

製作：2015年／120分／アメリカ／R15+
監督：ジョージ・ミラー
出演：シャーリーズ・セロン、トム・ハーディー、ヒュー・キース=バーン、ニコラス・ホルト、ゾーイ・クラビッツ、ロージー・ハンティントン=ホワイトレイ、ライリー・キーオ、アビー・リー、コートニー・イートン

中学校を卒業してから見よう！

『お嬢さん』

帝国とシスターフッド

パク・チャヌク監督作『お嬢さん』の原作はウェールズの小説家サラ・ウォーターズによるヴィクトリア朝を舞台にしたミステリ『荊の城』です。舞台をイギリスから植民地時代の朝鮮半島に移し、結末なども変更しています。一見したところ、原作がイギリスの話だとは思えないくらい韓国映画らしい作品です。

1939年の朝鮮半島、ヒロインのスッキは詐欺の一味のひとりとしてメイドに変装し、日本の華族令嬢秀子が朝鮮人の叔父である上月に引き取られて暮らしている大きな屋敷に奉公に出ます。一味の男が「藤原男爵」を名乗って秀子に近づき、結婚した上で財産を奪い取るのが目的です。ところがスッキはだんだん美しい秀子に心引かれるようになっていきます。実は上月はポルノグラフィのコレクターで、秀子は叔父から好色文学の朗読を無理矢理やらされていました。

原作は人生の厳しさを容赦なく描きつつ深い余韻を……みたいなお話なのですが、この映画ははっきりした恨みと情念の復讐譚になっています。最後にスッキと秀子が組んで上月も藤原も裏切るというフェミニズム的な展開があります。スカっとする……と言っていいのかわかりませんが、かなりちゃんとしたオチのある作品になっています。

ポルノグラフィが大きな役割を果たす作品で、暴力描写も多いのでエログロが苦手な人にはおすすめできませんが、この映画ではセックスと権力がかなりきちんと考え抜かれた形で描かれています。上月は朝鮮半島出身なのですが、植民地支配をしている宗主国である日本に対してフェティシズム的とも言えるような情熱を抱き、日本に完全に同化しようとしています。このフェティシズムと劣等感はおそらく上月の性的な暴力性と関係があり、宗主国に媚びへつらい取り込まれることで自分のもともとのアイデンティティを抹消したいという政治的なマゾヒズムと、ポルノグラフィに拘泥し女たちを虐待しようとする性的なサディズムがコインの裏表のようになっています。全体的にこの作品の男性は帝国主義的な力の観念にとらわれています。ところが女性たちはそうではなく、日本と朝鮮半島の女性である秀子とスッキが協力します。これまで無理矢理読まされてきたポルノグラフィの中から男性中心的な箇所を捨てて面白そうなところだけ見習いつつ、女性同士の性を楽しみながら新天地に船出する女たちの爽やかなセックス観と、お互いボロボロなのに死ぬまで自分の男性器のことばかり考えている藤原と上月の狭いセックス観を対比する終わり方は実に辛辣です。

ひとつだけ残念なのはキャストの日本語がイマイチであるところです。朗読が大事な映画で日本語の発音がイマイチなのは、日本語話者としてはちょっと興ざめです。スッキ以外は設定では日本語ネイティヴスピーカーかそれに近いという設定なので、日本語のところだけは吹き替えたほうが良かったのでは……と思います。

製作:2016年/145分/韓国/R18+
監督:パク・チャヌク
出演:キム・テリ、キム・ミニ、ハ・ジョンウ、チョ・ジヌン

『お嬢さん』発売元:TCエンタテインメント
販売元:TCエンタテインメント
提供:ファントム・フィルム

エピローグ

あるかないか、それが問題だ

皆さん、ここまで読んでくださってありがとうございます（あとがきから読む方でしたらこんにちはですね）。この本で紹介した100本の中で、皆さんが見てみたいと思う映画があれば嬉しいです。配信などで見られるものから気楽に試してみてください。

100本選びましたが、入れられなかった映画もたくさんあります。実写の物語映画に限ったため、ドキュメンタリーやアニメは外しました。環境問題や人権問題などを扱った映画ももっととりあげたかったのですが、できるだけ元気が出る映画を……と思って選んだところ、入れられそうなものが少なくなってしまって泣く泣く外しました。日本では入手困難で一般公開もされたことがないような映画や、シリーズになっている映画、もともとはテレビ用に作られた映画、同じ女優や監督がかかわっている映画ばかり出すのはどうかな……と思って外した映画などもけっこうあります（そのわりに何度も出てきている女優さんがいますが、それは私の趣味の偏りということで許してください）。この作品紹介に入っていない映画にもいい作品はたくさんあるので、ぜひ自分でどんどん興味のありそうな映画を探して見てみてください！

この本に入っている映画を見て、面白くなかった、引っかかるところがあって楽しめなかったということもあると思います。わりと好みが分かれそうなものも入れました。人それぞれ評価基準が違うので、当然のことです。周りの人がすすめる映画や、世間で高く評価されている映画が自分にあわないとしても、よくあることですし、自分がおかしいのじゃないか……などと思うことはありません。できればどこが面白くなかったのか、どこが引っかかったのかを自分のことばで表現してみてください。そうすることで、自分は何が好きなのか、どういうものを評価しているのかがわかるようになりますし、批判的なものの見方も身につくようになります。

一方で自分がいいと思う映画について他の人が面白くないと言っていてもそれは当たり前のことです。趣味が違う人をバカにするのはダメです！　どういうところが面白くないと思っているのか聞いてみて、そういう意見もあるのか……と納得できるときは面白がりましょう。一方で相手の分析に説得力がない、何か見逃しているところがある、というような視点から反論したいときは礼儀正しく議論をしてみるのもいいでしょう。「あなたはバカげている」みたいな人格攻撃は絶対にしないようにして、双方、得るところのあるような議論が映画についてできるようになるといいですね。

少し映画に詳しい人だと、この本のラインナップを見て「あれ、なんでこれが入ってないんだろう?」と思うかもしれません。単に紙面が足りないとか似たような映画が他に入っているという理由で外したものもありますが、引っかかるところ、人にすすめられないところがあって外したものもあります。この本では、個人的に引っかかるポイントがあっても広く楽しんでもらえそうなものは入れるようにし、批判すべきところは本文中で少しだけ触れるというようにしましたが、女性が活躍する名作映画と言われるもので、取り上げなくてもいいや……と思うくらい引っかかりポイントが多い映画もいくつかありました。『風と共に去りぬ』（1939）や『羊たちの沈黙』（1991）がそうです。私は2本ともよくできた映画だと思って楽しんでいますが、今見ると人にはすすめられないなぁ……と思います。なんで私はこの2本の映画をリストに入れなかったのでしょうか？　もし興味があれば、この2本も見てどこが私の引っかかりポイントだったのか、探ってもらえると嬉しいです。

映画や文学作品などでいわゆる「正典」と言われている名作リストは、実は何が入っているかよりも何が入っていないかのほうが面白いポイントだったりします。プロローグでもお話しましたが、こういう名作リストは普遍的な芸術的価値にもとづいて作られているようでいて、実は特定の層をターゲットにしていたり、選定する側が社会的に力を持っている人たちで、その価値観が反映されていたりします。「正典」に入ってこない作品に面白いもの、芸術的価値が高いと思われるものがあったとき、なぜそれは入っていないのだろう……と考えるのは、世の中がどういう基準で作品を評価しているのかを見極めるのに役立ちます。その作品が正典リストに入っていないのは、作品の中で描かれている価値観が主流の道徳観にあわないからかもしれませんし、マーケティングや流通の力が弱いところから出てきた作品であるからかもしれませんし、かかわっているクリエイターなどが世の中の少数派だからかもしれません。私がふだん研究しているウィリアム・シェイクスピアの『ハムレット』の中で、主人公であるデンマーク王子ハムレットは'To be, or not to be – that is the question,'（第3幕第1場55行目）つまり「あるかないか、それが問題だ」みたいなことを言いますが（このセリフは意味が一種類におさまらないので翻訳が難しく、この訳はごく一部の意味しか示せていませんが）、正典や名作リストを考える時はこの視点が大事です。何が入っていて何が入ってないのかを考えることで、どうやって名作と言われるものが作られていくのかがわかります。

名作といわれる作品は、必ずしもその作品の芸術的価値だけで作られるわけではありません。それを受け取った人がどう反応するか、どういう価値観にもとづいて評価するかで決められていきます。つまり、これから名作を作り出すのは、映画を見てそれを評価する皆さんかもしれないのです。自分で映画を作らなくても名作を生み出すことはできます。皆さんがこれから女性や世の中の少数派の視点から生まれたいろいろな映画に触れ、作り手として、受け手として、さまざまな形で名作を生み出してくださるのを期待しています。

２０２４年9月13日
ダブリンのアイルランド映画インスティテュートから徒歩10分のところにて

参考資料

北村紗衣『お砂糖とスパイスと爆発的な何か――不真面目な批評家によるフェミニスト批評入門』書肆侃侃房、2019。

――『批評の教室――チョウのように読み、ハチのように書く』ちくま新書、2021。

――『お嬢さんと嘘と男たちのデス・ロード――ジェンダー・フェミニズム批評入門』文藝春秋、2022。

スティーヴン・キング『ドロレス・クレイボーン』矢野浩三郎訳、文春文庫、1998。

マーゴット・リー・シェタリー『ドリーム NASA を支えた名もなき計算手たち』山北めぐみ訳、ハーパーBOOKS、2017。

ジェシカ・ワトソン『ジェシカ 16 歳 夢が私に勇気をくれた』田島巳起子訳、書肆侃侃房、2013。

Robyn Davidson, *Tracks*, Bloomsbury, 2017.
William Shakespeare, *Hamlet*, ed. Ann Thompson and Neil Taylor, The Arden Shakespeare 3rd Series, Arden Shakespeare, 2006.
"Does the Dog Die?" https://www.doesthedogdie.com（アクセス日：2024 年 9 月 8 日）

※この本は 2009 年 5 月 23 日に著者がはてなダイアリー（現在ははてなブログ）に書いたブログエントリ「女の子が死にたくなる前に見ておくべきサバイバルのためのガールズ洋画 100 選」https://saebou.hatenablog.com/entry/20090523/p1 をもとに大幅にアップデートし、加筆したものです。15 年前に軽い気持ちで書いたブログエントリが書籍にまでふくらむこととなりました。このエントリから本を作ろう！ とおっしゃってくださった書肆侃侃房に感謝します。

初出一覧

『女だけの都』(りっすん、2020.1.29) https://www.e-aidem.com/ch/listen/entry/2020/01/29/103000
『紳士は金髪がお好き』https://note.com/kankanbou_e/n/neacfe7766ffd(初出 wezzy)
『教授と美女』https://note.com/kankanbou_e/n/n26a5ddc145e6(初出 wezzy)
『ファクトリー・ウーマン』https://saebou.hatenablog.com/entry/20101103/p1
『サポート・ザ・ガールズ』https://saebou.hatenablog.com/entry/2022/11/05/180450
『ドリーム』https://saebou.hatenablog.com/entry/20171012/p1
『search ／ # サーチ 2』https://saebou.hatenablog.com/entry/2023/03/27/000000
『少女は自転車にのって』https://saebou.hatenablog.com/entry/20140120/p1
『バトル・オブ・ザ・セクシーズ』https://saebou.hatenablog.com/entry/20180801/p1
『これが私の人生設計』https://saebou.hatenablog.com/entry/20160419/p1
『パピチャ 未来へのランウェイ』https://saebou.hatenablog.com/entry/2020/12/08/142226
『ミセス・ハリス、パリへ行く』https://saebou.hatenablog.com/entry/2022/12/26/134905
『キャロル』https://saebou.hatenablog.com/entry/20160220/p1
『ラフィキ：ふたりの夢』https://saebou.hatenablog.com/entry/2019/11/25/225619
『ハンナ・アーレント』https://saebou.hatenablog.com/entry/20131223/p1
『未来を花束にして』https://saebou.hatenablog.com/entry/20170215/p1
『グロリアス　世界を動かした女たち』https://saebou.hatenablog.com/entry/2022/05/25/000000
『花咲くころ』https://saebou.hatenablog.com/entry/20180323/p1
『裸足の季節』https://saebou.hatenablog.com/entry/20160615/p1
『奇跡の 2000 マイル』https://saebou.hatenablog.com/entry/20150728/p1
『キャプテン・マーベル』https://saebou.hatenablog.com/entry/2019/04/07/235227
『ナチュラルウーマン』https://saebou.hatenablog.com/entry/20180404/p1
『サタデーナイト・チャーチ――夢を歌う場所』https://saebou.hatenablog.com/entry/2019/03/15/114341
『ガール・ピクチャー』https://saebou.hatenablog.com/entry/2023/04/05/232801
『サンドラの週末』https://note.com/kankanbou_e/n/n4c1d8d677aa1(初出 wezzy)
『燃ゆる女の肖像』https://saebou.hatenablog.com/entry/2020/10/19/000000
『モロッコ、彼女たちの朝』https://saebou.hatenablog.com/entry/2021/08/30/094450
『オマージュ』https://saebou.hatenablog.com/entry/2023/02/18/134250
『コール・ジェーン ―女性たちの秘密の電話―』https://saebou.hatenablog.com/entry/2024/04/25/000000
『しあわせの絵の具 愛を描く人 モード・ルイス』https://saebou.hatenablog.com/entry/20180319/p1
『500 ページの夢の束』https://saebou.hatenablog.com/entry/2018/10/13/000000
『マダム・イン・ニューヨーク』https://saebou.hatenablog.com/entry/20140803/p1
『娘よ』https://saebou.hatenablog.com/entry/20170402/p1
『女王陛下のお気に入り』https://saebou.hatenablog.com/entry/2019/03/11/230350
『女神の見えざる手』https://saebou.hatenablog.com/entry/20171106/p1
『わたしに会うまでの 1600 キロ』https://saebou.hatenablog.com/entry/20151001/p1
『エクス・マキナ』https://saebou.hatenablog.com/entry/20160621/p1
『お嬢さん』https://saebou.hatenablog.com/entry/20170312/p1

索引

あ

か

さ

た

北村紗衣（きたむら・さえ）
武蔵大学人文学部英語英米文化学科教授。専門はシェイクスピア、舞台芸術史、フェミニスト批評。著書に『シェイクスピア劇を楽しんだ女性たち』（白水社、2018）、『お砂糖とスパイスと爆発的な何か』（書肆侃侃房、2019）、『批評の教室――チョウのように読み、ハチのように書く』（ちくま新書、2021）、『お嬢さんと嘘と男たちのデス・ロード』（文藝春秋、2022）など。

※本書で紹介している映画の発売、公開、配信等の情報は2024年9月現在のものです。発売後に変更になる場合があります。

女の子が死にたくなる前に見ておくべき
サバイバルのためのガールズ洋画100選

2024年11月16日　第1刷発行
2024年12月16日　第2刷発行

著者　北村紗衣
発行者　池田雪
発行所　株式会社 書肆侃侃房（しょしかんかんぼう）
〒810-0041 福岡市中央区大名2-8-18-501
TEL 092-735-2802　FAX 092-735-2792
http://www.kankanbou.com
info@kankanbou.com

編集　池田雪、兒﨑汐美
ブックデザイン　成原亜美（成原デザイン事務所）
装画　satsuki
DTP　黒木留実
印刷・製本　シナノ書籍印刷株式会社

ISBN978-4-86385-641-7　C0074